JOHN LENNON
EM NOVA YORK

JOHN LENNON

JAMES A. MITCHELL

EM NOVA YORK
OS ANOS DE REVOLUÇÃO

valentina

Rio de Janeiro, 2015
1ª Edição

Copyright © 2013 *by* James A. Mitchell
Publicado originalmente pela Seven Stories Press, Nova York

TÍTULO ORIGINAL
The Walrus & The Elephants: John Lennon's Years of Revolution

CAPA
Raul Fernandes

FOTO DE 4ª CAPA
Barrie Wentzell (John and Yoko, 1971)

FOTO DO AUTOR
Linda Remilong

DIAGRAMAÇÃO
editoriârte

Impresso no Brasil
Printed in Brazil
2015

CIP-BRASIL. CATALOGAÇÃO NA PUBLICAÇÃO
SINDICATO NACIONAL DOS EDITORES DE LIVROS, RJ

M668j

Mitchell, James A.
    John Lennon em Nova York: os anos de revolução / James A. Mitchell; tradução Pedro Jorgensen Jr. – 1. ed. – Rio de Janeiro: Valentina, 2015.
    248p. (+24p. de fotos); 21 cm.

    Tradução de: The walrus & the elephants: John Lennon's years of revolution
    ISBN 978-85-65859-76-9

    1. Lennon, John, 1940-1980. 2. Músicos – Inglaterra – Biografia. 3. Beatles (Conjunto musical). 4. Grupos de rock. 5. Ciências políticas. I. Título.

15-23920
CDD: 927.8042
CDU: 929:78.067.26

Todos os livros da Editora Valentina estão em conformidade com
o novo Acordo Ortográfico da Língua Portuguesa.

Todos os direitos desta edição reservados à

EDITORA VALENTINA
Rua Santa Clara 50/1107 – Copacabana
Rio de Janeiro – 22041-012
Tel/Fax: (21) 3208-8777

www.editoravalentina.com.br

*À memória de Wayne "Tex"
Gabriel – músico de talento
e homem de bem.*

*E ao espírito de John Lennon,
de quem muitos disseram o mesmo.*

*Ele foi preso pelo que fez
ou por representar a todos?*
*– John Lennon,
"John Sinclair"*

Sumário

1 O ADVENTO DO MESSIAS HIPPIE 11

2 JOHN E OS ELEFANTES 37

3 "DROGADO COM RELIGIÃO, SEXO E TV" 69

4 "UMA CALAMIDADE PÚBLICA" 99

5 JOGO DE PALAVRAS 131

6 "DA PRÓXIMA VEZ A GENTE ACERTA" 157

7 "NINGUÉM SEGURA UMA BOA BANDA" 181

POSFÁCIO: DEPOIS DA JORNADA 211

AGRADECIMENTOS 233

NOTA DO AUTOR: FONTES E METODOLOGIA 235

NOTAS 239

BIBLIOGRAFIA SELECIONADA E OUTRAS LEITURAS 247

CAPÍTULO 1

O ADVENTO DO MESSIAS HIPPIE

"Nós viemos aqui (...) não só para ajudar John e dar publicidade ao que está acontecendo (...), mas também para deixar claro e dizer a todos vocês que apatia não leva a nada e que podemos, sim, fazer alguma coisa."
– JOHN LENNON
(Ann Arbor, Michigan, dezembro de 1971)

EM DEZEMBRO DE 1971, John Lennon subiu ao palco para cantar e discursar em favor de John Sinclair, um ativista radical condenado a dez anos de prisão pela posse de dois cigarros de maconha. Sinclair estava preso havia mais de dois anos quando Lennon avocou a sua causa.

Dois dias depois de Lennon cantar "Let Him Be, Set Him Free", um tribunal estadual libertou Sinclair, revertendo a decisão anterior.

Ainda impactado por anos de turbulência política, os Estados Unidos precisavam de um novo tipo de líder. O recém-ex-Beatle era uma das pessoas mais famosas e influentes do planeta. Se ele conseguira tirar um homem da prisão, do que mais seria capaz?

Um governo ávido por silenciar seus inimigos se fazia a mesma pergunta. Acreditava que Lennon poderia usar a sua considerável influência, segundo suas próprias palavras, "desequilibrar" a eleição presidencial que se aproximava. Seria melhor para algumas pessoas que ele voltasse para a Inglaterra – e foi o que o governo Nixon tentou fazer, por meios legais e ilegais.

"O *flower power* não deu certo?", questionou Lennon no palco, naquela noite, entre uma e outra canção. "E daí? A gente começa de novo."

• • •

JOHN LENNON ERA um recém-chegado a Nova York no verão de 1971. Já estivera na cidade, é claro, mas sempre em rápidas aparições dos Beatles, turnês frenéticas em que Manhattan só era vista de limusines e quartos de hotel. Agora buscava uma vida discreta, ironicamente no mesmo lugar onde, sete anos antes, ele próprio lançara a "invasão britânica" do rock e tudo o mais que se seguiu. Naquela época, não precisara mais do que uma guitarra, um sorriso maroto e muito "iê-iê-iê".

Desta vez, porém, não havia adolescentes aos berros para abafar a música nem garotas desesperadas para ver um Beatle. Os anos sessenta haviam passado, com suas guerras, assassinatos, manifestações e *flower power*. Lennon, como ele próprio costumava lembrar, já não era um dos Fab Four.

"Tentamos sacudir a nossa imagem andando de bicicleta pelo Village",* escreveu Lennon em "New York City", uma de um lote de canções inéditas inspiradas por seu novo lar. Depois de uma estadia inicial no hotel St. Regis, em Midtown, ele e sua esposa, Yoko Ono, se mudaram, naquele mesmo outono, para um apartamento

---

* *Tried to shake our image just a cycling through the Village.* ("New York City"). Todas as notas de rodapé são do tradutor.

na Bank Street, 105, no Greenwich Village, anteriormente ocupado pelo baterista Joe Butler, do Lovin' Spoonful.[1] A centralidade do bairro combinava com o estado de espírito de Lennon: uma tremenda e divertida babel de música, radicalismo político, arte e maconha fumada abertamente pelas ruas; um clima digno das melhores vibes psicodélicas de *Sgt. Pepper's*.

O apartamento era modesto para os padrões de Nova York, com dois cômodos mais propriamente funcionais do que espaçosos, a anos-luz de Tittenhurst, a mansão britânica que Lennon deixara para trás –, objeto da ironia de não poucos críticos do filme promocional de *Imagine* ("imagine um mundo sem posses").* Lennon parecia ter vergonha, dentre outros subprodutos da Beatlemania, de sua riqueza material. Ele disse a Peter McCabe e Robert Schonfield, que na época pesquisavam para escrever *Apple to the Core*, um livro sobre o fim dos Beatles: "Não quero sair tocando por aí para ganhar mais um monte de dinheiro. O que eu vou fazer com ele? Já tenho toda a droga do dinheiro de que preciso."[2]

Não era um pensamento fortuito: ele discutira recentemente a letra de "Imagine" com Hendrik Hertzberg, da *New Yorker*.[3] "Eu comecei a pensar: não quero mais aquela casa imensa que construímos na Inglaterra (...). Não quero essa chatice de possuir palácios e carrões. Fico pirado só de pensar na quantidade de coisas que tenho lá, todos os livros e objetos que juntei, paredes inteiras repletas deles." Lennon achava que esses livros, assim como a maior parte de seus pertences, deviam estar em algum outro lugar, como bibliotecas e presídios.

Lennon tentava se livrar dos atavios da riqueza e da fama, e ansiava, com igual intensidade, fazer parte de algo mais amplo do que ele mesmo e maior do que os Beatles – supondo-se que isso

---

* *Imagine no possessions*.

fosse possível. Sua atenção se voltara para os explosivos conflitos políticos e culturais que fermentavam nos Estados Unidos. No começo de 1971, ele dera longas entrevistas à *Rolling Stone* e ao *Red Mole* — um jornal underground britânico editado por Tariq Ali. Lennon achava "vergonhoso" não ter participado mais ativamente dos movimentos contra a Guerra do Vietnã e em defesa dos direitos civis. Sentira-se, muitas vezes, dividido entre o mercantilismo do sucesso dos Beatles — "todo mundo tentando nos usar" — e o desejo de insinuar temas mais maduros em suas canções: "Viramos uma espécie de cavalo de Troia."[4]

Era cauteloso, porém escaldado, com algumas situações em que teve de enfrentar o crivo da mídia e a reação negativa do público, como o famoso escândalo provocado pelas observações — fora de contexto e absurdamente exageradas — de que os jovens britânicos não gostavam de ir à igreja e de que os Beatles eram mais populares do que Jesus Cristo. Ele disse a Ali que, naquela ocasião, o empresário Brian Epstein implorou-lhes para não dar palpite nas questões que dividiam os Estados Unidos.

"Epstein tentou nos catequizar para não falarmos nada sobre o Vietnã", explicou Lennon. "Mas George e eu dissemos: 'Olha só, da próxima vez que eles perguntarem, nós vamos dizer que não gostamos da guerra e que achamos que eles deviam sair de lá'. (...) Era uma atitude bem radical, especialmente para os Fab Four."

Havia, na época, diferenças internas de opinião sobre o lugar dos Beatles no mundo como líderes artísticos ou revolucionários. Antes de deixar a Inglaterra, Lennon se correspondera com Paul e Linda McCartney a propósito de suas declarações públicas sobre o legado do grupo. "Vocês acham mesmo que a maior parte da arte atual surgiu por causa dos Beatles?", perguntou. "Eu não me envergonho de ter feito parte dos Beatles (afinal, fui eu que comecei tudo isso)."[5]

Ele queria também ver os êxitos do grupo de modo razoável: "Nós não dizíamos sempre que éramos apenas parte do Movimento – não o Movimento inteiro? É claro que mudamos o mundo –, mas tentem ir até o fim – CURTAM O SEU DISCO DE OURO E VÃO À LUTA!"

Lennon e McCartney sabiam que se esperava deles um maior envolvimento como grupo. Tariq Ali, jornalista indiano educado na Grã-Bretanha que era um dos novos escribas da contracultura, escrevera, como editor do *Red Mole*, que artistas da magnitude de Lennon tinham obrigação de fazer mais do que exibir aqui e ali o símbolo da paz. Mas Lennon ainda não havia chegado a um acordo com o seu recém-descoberto status revolucionário.

"Lennon era bastante modesto a esse respeito", recorda Ali. "Ele me disse: 'Você tem certeza de que quer me entrevistar? Sua revista é tão intelectualizada!'"

Passaram dois dias quase inteiros discutindo Vietnã, política, ativismo e os desafios enfrentados pela geração dos anos sessenta.

"Foi o discurso do 'Estado da União' de Lennon", diz Ali. "Naquela conjuntura, foi isso que significou para o mundo inteiro."

Lennon queria participar e foi um dos primeiros a admitir que a cultura jovem daquela época talvez tivesse tido um enfoque um tanto alienado.

"O sonho do ácido acabou", disse Lennon. "É o que estou tentando dizer a eles." Como músico, ele podia cantar canções que unissem as pessoas, como o hino "Give Peace a Chance", de 1969, escrito e gravado durante uma lua de mel bastante pública, passada em sua própria cama e diante das câmeras do mundo inteiro. Ele imaginou que a canção pudesse ser cantada "em bares e em manifestações". Em 1971, deu mais um passo à frente com "Power to the People" e disse a Ali que seus planos pós-Beatles incluíam um papel mais ativo no Movimento: "Eu gostaria de compor canções para a revolução. (...) Gostaria que eles vissem que rock and roll não é Coca-Cola. É por isso que venho dando declarações mais pesadas e tentando me livrar da imagem de moderninho."[6]

Nos Estados Unidos, Lennon podia pôr em prática suas ideias. "Levante-se", disse ele em "Power to the People", e "Vá para a rua". Adorava a ideia de poder caminhar mais ou menos livremente por Manhattan como todo mundo. Nova York era uma cidade viva, e o Village, a batida que regulava o pulso das ruas. Lennon podia senti-lo nas boates de porão da St. Marks Place, nos bares da Bleecker Street e no Washington Square Park, cujo chafariz central era um ímã para músicos underground com talentos que iam de promissores a nada animadores, mas nem por isso menos apaixonados. John e Yoko se juntavam despreocupadamente à multidão que curtia a música pela música, para ouvir canções que dificilmente chegariam às 10 Mais do rádio.

"Lá vem um cara com uma guitarra cantando 'Fume um baseado, se puder'."★ David Peel e sua banda, Lower East Side, imortalizada por Lennon em "New York City", estavam entre os artistas mais assíduos do parque, cantando e tocando por prazer e pelos trocados que as pessoas atiravam nos estojos de suas guitarras. A maconha aparecia com destaque nas composições de Peel, canções intensas sobre a vida nas ruas e o dia a dia de um hippie na grande cidade.

A despeito do amadorismo de Peel, Lennon se empolgou com sua música. Eram canções do povo, pelo povo e para o povo, que, aos ouvidos de Lennon, soavam muito mais profundas e relevantes do que o conteúdo intrinsecamente comercial da música popular. No Village, ser um grande sucesso não era necessariamente bacana.

★ *Up come a man with a guitar in his hand singing "Have a marijuana if you can."* ("New York City").

O advento do messias hippie

"Por que pagar para assistir aos astros?", perguntava Peel ao seu público, uma questão retórica do ponto de vista de um músico underground.[7]

"Ele deve estar falando de mim" teria sido a reação de Lennon, que andava às voltas com seu papel de popstar e seu lugar no mundo revolucionário.

• • •

FOI NO WASHINGTON Square Park que Lennon conheceu Jerry Rubin, amigo de Peel e corréu no processo dos "Sete de Chicago", um grupo de ativistas acusados de incitarem protestos violentos por ocasião da convenção democrata de 1968.

Segundo o próprio Lennon, ao chegar a Nova York, "as primeiras pessoas que entraram em contato comigo foram Jerry Rubin e Abbie Hoffman. Simples assim".[8]

Lennon parecia ser a resposta às preces longamente murmuradas pelos líderes radicais. Para Rubin, foi "amor à primeira vista". "Altas vibrações", foi como descreveu o encontro, certo de que Lennon sentia a mesma coisa. "Os yippies* aplicavam à política a mesma tática dos Beatles: fundir música e vida."

O Partido Internacional da Juventude – os "yippies" – era um grupo informal de ativistas contrários à Guerra do Vietnã e defensores dos direitos civis, liderado por Rubin e Hoffman. Em Chicago, onde uniram forças com líderes da Nova Esquerda, como Rennie Davis e Tom Hayden, suas atividades os tornaram célebres em alguns círculos e malvistos em outros. Embora houvesse, entre os que depuseram em juízo em favor dos Sete de Chicago,

---

* Hippies militantes da década de 1960. O termo é uma aliteração de hippie, a partir do acrônimo de Youth International Party (Partido Internacional da Juventude).

figuras como Judy Collins, Arlo Guthrie, Norman Mailer, Timothy Leary e o reverendo Jesse Jackson, os processos judiciais de 1970 foram imortalizados como um circo midiático dominado pelas táticas teatrais absurdistas de Hoffman e Rubin. Uma de suas encenações foi comparecer ao tribunal usando togas, debaixo das quais – eles certamente seriam convidados a tirá-las – vestiam uniformes do Departamento de Polícia de Chicago. Os Sete foram julgados culpados de cruzar a fronteira do estado para provocar distúrbios e viveram dois anos com uma sentença pairando sobre suas cabeças até a absolvição final.

Os Sete de Chicago – Rubin, Hoffman, Davis, Dave Dellinger, Hayden, John Froines e Lee Weiner – seguiram caminhos distintos depois do julgamento: alguns como líderes *de facto* do movimento contra a guerra, outros como celebridades midiáticas. Ao que parece, em 1971 as encenações de Rubin e Hoffman já não colavam: a ABC News os qualificou de "Groucho Marxistas", pessoas que não deviam ser levadas a sério por causa das suas piadas de teatro de rua, como a campanha para eleger um presidente suíno (Pigasus,★ o Imortal) e o ato de jogar dinheiro no chão da bolsa de valores. Davis diz que havia um racha na esquerda, a propósito da capacidade de Hoffman e Rubin, e que era preciso uma liderança que a fizesse recuperar as energias a tempo de substituir Nixon como presidente.

Talvez fosse apenas o fim de uma década difícil, fato é que o espírito de rebeldia do país parecia esgotado. Muitos ativistas seguiam com seu trabalho, mas em nível local – em escolas e comunidades –, não na cena internacional e no movimento contra a guerra. A revista *Time* se perguntava se a tão temida bomba do

---

★ Nome de duplo sentido envolvendo Pégaso, o cavalo alado da mitologia grega, e o ditado "Só quando os porcos (*pigs*) voarem", aplicado na língua inglesa a eventos altamente improváveis.

O advento do messias hippie

protesto estudantil não seria, na verdade, um tiro de pólvora seca. "Alguma coisa aconteceu – ou deixou de acontecer – na vida deste país", dizia um ensaio intitulado "The Cooling of America",* publicado em fevereiro. "Em pleno inverno de 1971, depois de meses de recessão e de uma década de guerra no estrangeiro e violência doméstica, um estado de espírito de quase imobilidade despencou como uma placa de gelo sobre o país."

"O movimento contra a guerra tinha muita força", diz Davis, um natural de Michigan que estreou como revolucionário em Ann Harbor. "Mas o gás acabou. Todo mundo percebia; ninguém estava mais a fim de fazer nada."

Davis lembra que, ao ler as entrevistas revolucionárias de Lennon, reconheceu nele uma alma gêmea que poderia revitalizar o combalido movimento contra a guerra.

"Foi para mim um momento extraordinário", diz Davis. "Lá estava aquele cara, que tão bem simbolizava a sua geração por meio dos Beatles, dando declarações claramente indicativas de que não era somente 'Sou a favor da paz'. Era alguém dizendo: 'Sou um ativista, estou pronto para me engajar.'"

Lennon desembarcou nos Estados Unidos numa época incerta, em que muitas pessoas eram presas, manifestantes eram mortos e milhares perdiam a vida no Vietnã. Mas nem por isso elas recuavam. Era preciso correr riscos; afirmar a participação ativa. Lennon nunca se considerara um homem político, mas talvez os tempos tivessem mudado. Numa entrevista ao jornal underground *Los Angeles Free Press*, em outubro, Lennon disse que só recentemente compreendera o que tinha a oferecer.

"Eu não diria que renunciei à política", refletiu Lennon.[9] "Na verdade, eu nunca fiz política. Eu faço as coisas – como todo mundo

---

* "O esfriamento dos Estados Unidos."

– politicamente. Toda declaração que a gente faz é uma declaração política. Cada disco, até mesmo o nosso modo de vida, é uma declaração política."

O Movimento também se encontrava numa encruzilhada: estariam a energia e a paixão desencadeadas pelo movimento em prol dos direitos civis perto do fim? Davis nutria certa nostalgia da simples legitimidade da luta, que começara no dia em que quatro estudantes negros entraram numa lanchonete Woolworth "só para brancos" e provocaram um boicote da loja que durou seis meses (...) e toda a década seguinte.

"Estava claro para todo mundo, para mim mesmo principalmente, que essa coisa imensa que começara em 1960 no balcão de uma lanchonete em Greensboro, Carolina do Norte, fora um fenômeno, um acontecimento histórico", diz Davis. "Agora ela estava, claramente, no fim."

Estava? John Lennon deu a Davis e Rubin um vislumbre de esperança. Rubin precisava de algo que lhe devolvesse a credibilidade, não apenas junto à sociedade norte-americana, mas ao próprio Movimento. De certa forma, Rubin enfrentava problemas similares aos de Lennon: preocupação com o futuro e insegurança em relação ao legado que construíra até então. Não por acaso, ele disse à *Rolling Stone* que tinha muitas dúvidas a respeito de seu futuro – e do futuro da revolução.[10]

"Todos ao meu redor estavam deprimidos e confusos", disse Rubin. "No movimento, todos condenavam tudo (...) condenavam a sua própria história."

A presença de Lennon em Nova York era uma oportunidade rara que Rubin agarrara com todas as suas forças. Sem grandes expectativas, ligou para a Apple Records e se surpreendeu tanto quanto todo mundo com o fato de Yoko Ono retornar a chamada. O primeiro encontro de Rubin e Hoffman com John e Yoko ocorreu, muito a propósito, sob o arco da Washington Square: Lennon de tênis estampados com a bandeira americana e Yoko toda de preto. Depois de calorosas apresentações, eles deixaram o parque e passaram várias horas no apartamento de Hoffman. Rubin disse a John e Yoko que os seus *bed-ins** pela paz eram fantásticos, na linha de suas próprias encenações políticas. John e Yoko disseram considerar Hoffman e Rubin autênticos artistas e os líderes radicais admitiram ver em Lennon um novo tipo de ativista político.

Rubin foi direto ao ponto, perguntando várias vezes o que exatamente Lennon queria fazer. Participar, disse-lhe Lennon. Queria montar uma banda e tocar, "devolvendo todo o dinheiro às pessoas"; fazer a sua parte no Movimento com a sua música. Disse que pretendia "compor músicas para a revolução" e que esperava levá-las às ruas para, quem sabe, sacudir um pouco as coisas.

"Eu quero fazer alguma coisa política, radicalizar as pessoas, essa coisa toda", disse Lennon. "Essa seria a melhor maneira (...) levar para a rua um espetáculo realmente diferente, um show itinerante de rock and roll político."

Em Londres, Lennon teria conseguido facilmente todos os contatos necessários para molhar os pés nas águas revolucionárias britânicas. Nos Estados Unidos, porém, ele precisava conhecer algumas pessoas para encontrar as causas certas. A utilidade do líder yippie Jerry Rubin dependeria de sua capacidade de servir de guia a Lennon em sua jornada pela política de esquerda à moda ianque. Rubin teria de levar ao partido da Bank Street alguma contribuição que o diferenciasse dos sonhadores e maquinadores que buscavam a amizade, a confiança e os favores de Lennon.

---

* Termo derivado de *sit-in* (forma de protesto em que os manifestantes se sentam em locais públicos para reivindicar) dado por John e Yoko às suas manifestações pela paz na própria cama.

Uma questão em especial despertara o interesse do ex-Beatle: as atribulações do ativista John Sinclair, de Detroit, um amigo de Rubin que cumpria uma sentença de dez anos de prisão por posse de maconha, mas com toda pinta de punição por suas opiniões políticas.

O argumento, o discurso de venda ou a causa – dez anos por dois míseros baseados! – fechou o acordo. A objetividade da proposta fez a cabeça de Lennon: pegar a guitarra, voar até Michigan e entrar na onda, tudo para um público interessado em fazer mais do que apenas gritar de prazer.

"Queremos que o público participe plenamente; sem essa de ficar admirando Deus no palco", disse Lennon a Jean-François Vallée, repórter da TV francesa que passou um dia inteiro na Bank Street no começo de dezembro filmando um "papo na cama" com John, Yoko e Rubin.[11] Lennon lhe descreveu a imagem que estivera construindo em sua mente: um concerto politicamente carregado, sem aparato de superstar, com público e artistas espiritualmente unidos.

Esse parece ter sido o problema quando os Beatles se apresentaram ao público pela última vez – e sabe Deus o que poderia acontecer se os quatro subissem ao palco novamente. "Eu ainda sou essencialmente um músico", disse um nostálgico Lennon em vias de iniciar um novo capítulo em sua carreira. Em parte, seu objetivo era ser apenas um músico a mais, sem o aparato de superstar, mas em suas letras e apresentações ele buscava um brilho artístico que superasse o que já realizara como membro de uma banda, mesmo que fosse nada menos que os Beatles.

"Eu ainda tenho muito poder como indivíduo, estou o tempo todo na mídia (...) por causa dos Beatles", disse Lennon. "Nosso trabalho agora é dizer que ainda há esperança, que temos muita coisa para fazer e que precisamos ir lá e mudar a cabeça deles.

O advento do messias hippie 23

Podemos mudar! O mundo não acabou porque o *flower power* já não faz efeito. Estamos apenas no começo."

Lennon acreditava ter encontrado exatamente aquilo que buscava quando deixou a Grã-Bretanha – uma chance de servir ao Movimento com sua guitarra e sua presença.

• • •

LENNON TALVEZ FOSSE a última esperança de John Sinclair de sair da prisão. Com dois anos de sentença já cumprida, nada havia funcionado – nem a campanha de cartas ao *Detroit News* e ao *Free Press* nem a tentativa de Abbie Hoffman de dizer algumas palavras sobre o seu calvário no palco de Woodstock. (Hoffman desperdiçou sua chance: subiu ao palco durante a apresentação do The Who, mas, reza a lenda, foi posto para fora pelo guitarrista Pete Townshend, enlaçado na correia da sua Gibson.)

Sinclair era uma lenda underground de Detroit desde o tempo de estudante na Wayne State University, no começo da década de 1960. Homem de gostos ecléticos e afinidade com a erva, Sinclair escrevia poesia, defendia causas políticas e reivindicações comunitárias, e promovia o seu amado jazz. Ao lado da futura esposa, a alemã Magdalene "Leni" Arndt, Sinclair transformou a Oficina Artística de Detroit de 1964 em um grupo político dedicado aos direitos civis, o Panteras Brancas, nome escolhido em resposta ao chamado às armas do "pantera negra" Huey Newton às pessoas de todas as etnias. Embora o nome pudesse gerar confusão (foi mais tarde alterado para Rainbow People's Party), os Panteras Brancas simpatizavam com aqueles que consideravam seus aliados naturais na esteira dos distúrbios que sacudiram a capital mundial do automóvel em 1967.

"Os hippies e os negros tinham um inimigo comum: o Departamento de Polícia de Detroit", diz Sinclair. "O outro laço comum era que nós, como a maioria deles, pelo menos os artistas e poetas com quem entramos em contato, também fumávamos maconha."

Hippies ou panteras, eles tinham, segundo Sinclair, muito em comum com minorias facilmente identificáveis num país dividido pelo chamado abismo geracional. "Nós tínhamos uma marca: o cabelo comprido", diz Sinclair. "Se você tinha cabelo comprido, fumava maconha, gostava de rock, estava desempregado e gostava de trepar, então você era um hippie. Os hippies eram o máximo: a melhor coisa que já aconteceu a este país."

A postura relaxada de Sinclair – frequente, senão perpetuamente doidão – era enganosa; em suas causas, ele era focado e passional. Seu trabalho de base, centrado numa espécie de idealismo comunal, atacava grandes e pequenas causas, mas sempre locais, ao contrário dos ativistas de maior projeção que transitavam na cena nacional. Embora simpatizasse com eles, Sinclair afirmava que Detroit tinha seus próprios problemas.

"Estávamos totalmente fora do sistema político estabelecido, cuja ala esquerda era a SDS★ e a mobilização contra a guerra", diz Sinclair. "Nós os apoiávamos, mas tínhamos uma perspectiva cultural diferente."

A atenção local – boa e má – que Rubin e Hoffman exerciam era tão intensa quanto o escrutínio nacional. A paixão de Sinclair por maconha e política fazia dele um alvo da polícia do campus, para a qual os cabeludos eram inimigos do Estado.

"Eu havia sido preso duas vezes", lembra Sinclair. "A primeira por vender uma mutuca de 10 dólares a um policial infiltrado e a

---

★ Students for a Democratic Society: organização estudantil fundada em 1960 que, após o início da Guerra do Vietnã, tornou-se ativa nos protestos contra essa guerra.

segunda quando outro policial me induziu a levá-lo à casa de uma pessoa para lhe arranjar um paco de 100 dólares."

A segunda prisão, em 1965, rendeu a Sinclair seis meses na Casa de Correção de Detroit. Mas o que deveria ter sido um sinal de alerta – parar de oferecer maconha a estranhos – acabou ignorado. De volta às ruas, Sinclair continuou com a prática de compartilhar a erva descontraidamente com quem pedisse.

"Éramos hippies, não criminosos", diz. "Não nos considerávamos perpetradores de atos criminosos. Tudo o que fazíamos era às claras, aberto ao público, essa era a nossa onda."

Todo mundo era bem-vindo à Oficina Artística de Detroit, incluindo dois neófitos no final de 1966: um cabeludo de boina chamado "Louie" e uma mulher apresentada como "Pat", que se vestia como hippie, fumava maconha e ajudava na datilografia.[12] Pat bajulava os homens, e Louie só pensava em descolar mais maconha. Louie e Pat – na verdade, Vahan Kapagian e Jane Mumford, do Departamento de Polícia de Detroit – se sentiam à vontade entre os hippies. Num dia memorável, Pat fez uma pergunta ouvida muitas vezes na Oficina.

"Ela me perguntou se eu tinha um baseado", conta Sinclair. "Eu apertei um e nós queimamos juntos. Ela perguntou se podia levar. Eu disse: 'Olha aqui, eu vou te dar outro', e dei mais um para ela."

A palavra "cilada" não parecia constranger os dois policiais. Um mês depois, eles irromperam na Oficina com dois de seus amigos e vários mandados. Sinclair foi preso junto com 55 outras pessoas naquilo que os jornais chamaram de "Operação Maconha no Campus". Em 1969, depois de dois anos de apelações, Sinclair começou a cumprir sentença de dez anos de prisão pela posse de dois cigarros de maconha.

Durante os dois anos seguintes, seus amigos e defensores tentaram de tudo – apelos a legisladores receptivos, cartas e anúncios nos jornais –, mas Sinclair seguiu preso. O primeiro sinal de esperança foi uma jogada política do presidente Richard Nixon, que, em julho de 1971, reduziu a maioridade eleitoral de 21 para 18 anos. O impacto da medida transcendeu em muito a eleição presidencial: candidatos de todos os níveis de governo teriam agora de "vender" suas plataformas a uma geração até então praticamente ignorada, que dirá compreendida. Não demorou para os políticos perceberem que o público universitário tinha especial interesse nas leis que criminalizavam o uso da maconha. Legisladores de todo o país se perguntavam se não era hora de reclassificar a mera posse, de crime para contravenção.

Para os apoiadores de Sinclair, foi a tão aguardada oportunidade de trazer seu caso à baila, colocando-o nas primeiras páginas dos jornais e nos telejornais noturnos. Ações sensacionais eram às vezes necessárias, como as encenações yippies, só que agora apoiadas na credibilidade da grande imprensa. Um show reunindo os defensores da maconha e os opositores da Guerra do Vietnã poderia promover a combustão perfeita de público e causa – se arranjassem os músicos certos. Tudo de que precisavam para chamar a atenção era um superstar.

"Sempre buscávamos mais", diz Sinclair. "E dessa vez tínhamos tirado a sorte grande."

• • •

O PRODUTOR PETER Andrews só acreditou que a coisa ia realmente acontecer quando John Lennon atendeu o telefone. Andrews e Leni Sinclair foram a Nova York equipados com pouco mais do que um número, fornecido por Jerry Rubin, e alguns endereços no centro da cidade.

Andrews tinha muita experiência na organização de shows em Ann Arbor, de bandas locais ao Jefferson Airplane. Cabia-lhe, agora, a assustadora tarefa de ocupar os 15 mil lugares da Crisler Arena com um espetáculo em prol de um poeta preso.

"Sinclair queria um grande evento", diz Andrews. "Da cadeia, ele dizia ao pessoal: 'Eu preciso de algo grande.'"

Mas o que eles tinham não bastava. Segundo Andrews, o plano original para o show de Ann Arbor se baseava em músicos locais e oradores, que, no melhor dos casos, atrairiam umas 3 mil pessoas, o que deixaria a arena com um aspecto vazio e triste. E depois Sinclair talvez já fosse notícia velha.

"Eu olhei o que eles tinham e disse: 'Vocês têm um problemão para resolver'", lembra Andrews. "Sinclair está há dois anos na prisão e as pessoas têm memória curta."

Andrews não demonstrou entusiasmo pela ideia até que Leni Sinclair apresentou uma proposta interessante: John Lennon e Yoko Ono como atrações principais.

Sem chance, pensou Andrews. "Era muita pretensão", conclui. "A ideia de Lennon participar parecia absurda."

Parecia absurda, mas era real. E logo se realizaria. Andrews e Leni balançaram a cabeça diante da sua boa sorte e fecharam o acordo. Enquanto Andrews se dirigia à Bank Street para confirmar o interesse de Lennon, Leni pegava um táxi até o apartamento de Jerry Rubin, na Prince Street, para discutir a inclusão de outro artista top no programa. Protegendo-se da friagem de dezembro, tocou o interfone. Não obtendo resposta, ficou na escada, esperando.

"Pouco depois, chegou um homem e tocou o interfone", diz Leni Sinclair. Ele também queria falar com Rubin. Num breve diálogo, Leni lhe falou do drama do marido e da disposição de Rubin e John Lennon em ajudar. Logo chegou mais um sujeito, que tinha a chave do edifício, e eles entraram para esperar.

"Sentei numa cadeira e os dois começaram a conversar", diz Leni. "Ouvindo a conversa, de repente me dei conta de que eram Bob Dylan e Phil Ochs. Jerry Rubin estava tentando convencer Dylan a participar do show com John Lennon."

Autêntica radical desde a época em que saiu da Alemanha para mergulhar de cabeça no underground de Detroit, Leni se sentiu um peixe fora d'água ao se dar conta de quem eram aqueles dois. "Eu não os vi outra vez e ele não fez o show", diz Leni. "Não guardo mágoa – quem tem John Lennon não precisa de Bob Dylan." Dylan não participou do show de Detroit, mas Phil Ochs, sim.

A viagem de Detroit a Nova York foi um sucesso inesperado, mas absoluto: um dos artistas mais solicitados do mundo se propusera a defender a causa de Sinclair. Andrews firmou um contrato para pagar a Lennon 500 dólares pela apresentação, cachê que seria imediatamente repassado ao Fundo pela Libertação de John Sinclair.[13] O cachê convertido em doação era, evidentemente, uma soma insignificante: Lennon tinha perfeita consciência de que muitos grupos e ativistas que o procuravam o faziam, em parte, por necessidade financeira. "Eu sempre dei força para o underground", dissera ele alguns meses antes. Lennon tinha uma visão própria daquilo que instituições e espetáculos beneficentes podiam realizar. "Quando eles têm dificuldades, eu lhes empresto dinheiro, invisto neles, coisas do tipo. A cada dois dias, me pedem pelo menos 5 mil libras e geralmente eu dou."[14] Lennon cogitava criar uma fundação, financiada com receitas de shows à base de ingressos a 1 dólar, em benefício das pessoas que lhe pediam ajuda.

O artista Lennon e o peso que o seu endosso musical podia aportar a uma causa tinham igual valor. Pensando em Sinclair, Lennon mostrou uma canção que começara a escrever para a ocasião, uma espécie de blues acompanhado de guitarra havaiana.

"Eu lhe garanti que era muito boa", diz Andrews. "E que John Sinclair ia amá-la de verdade."

Atônito com a perspectiva de um grande show de John Lennon, Andrews pediu-lhe humildemente que gravasse numa fita algumas palavras que confirmassem a assinatura do contrato, escrito às pressas.[15] A mensagem de Lennon foi curta, objetiva e, de certa forma, quase apologética:

> *Quem fala aqui é John, ao lado de Yoko. Quero dizer que estou me associando ao fundo, campanha ou seja lá o que for pela libertação de John Sinclair, para dar um alô. Não vou levar banda nem nada parecido porque estou aqui como turista, mas provavelmente irei com minha guitarra e uma canção que escrevemos para John. É isso. Estaremos lá na sexta-feira... Olá e até logo; espero que seja bem legal.*

• • •

É CLARO QUE John e Yoko foram tratados como reis em sua chegada a Michigan na sexta-feira 10 de dezembro. Andrews reservara – ironicamente – a suíte presidencial do Campus Inn de Ann Arbor, onde deixou o casal depois de pegá-lo no aeroporto.

Vender ingressos com John Lennon na programação não era problema, obviamente. A 3 dólares, baratíssimo até para os padrões de 1971, os ingressos se esgotaram em poucas horas. Andrews disse que o valor foi um pedido de Sinclair, uma filosofia "populista" de que mais tarde ele próprio se arrependeu.

"Tínhamos um orçamento justo, ninguém recebeu nada", diz Andrews. "Eu queria cobrar 20 dólares, pensando numa receita de 300 mil, e teríamos vendido todos os ingressos da mesma forma.

Não é todo dia que se tem a oportunidade de ter um show com John Lennon."

Assim como em Nova York, Lennon tinha a expectativa de ignorar a própria fama, de ser um cara comum nas lojas hippies da cidade universitária e do Centro. Passou parte da tarde perambulando pelas ruas e entrando nas lojas. Deu uma parada, para assombro dos músicos presentes, na Herb David Guitar Studio, na esquina da Liberty com a Rua 4. Não houve alarde, disse David ao *Ann Arbor Chronicle*. Lennon simplesmente entrou – tão despretensiosamente que, de início, não foi reconhecido por algumas pessoas que estavam na loja.[16]

David com certeza sabia muito bem quem entrara em sua loja.

"Olá, John", saudou-o, antes de se apresentar.

"Eu não sou o John. Sou o primo dele", respondeu Lennon, sorrindo.

"Olá, primo", disse David, retribuindo o sorriso, e convidou-o a ficar à vontade, apontando-lhe uma cadeira comum, de madeira. Lennon passou mais de uma hora na loja e deu até uma canja no violão para deleite dos fregueses que o ouviam, boquiabertos. (A cadeira ficou no mesmo lugar por quatro décadas, com uma inscrição em papelão dizendo: *John Lennon sentou aqui em 1971* – uma autêntica peça de museu, venerada com status de *memorabilia* presidencial.)

À noite, nos bastidores da Crisler Arena, Lennon mostrou pacientemente à sua banda improvisada os acordes das canções que iriam tocar. Satisfeito pelo grupo ter aprendido as canções tão bem quanto poderia razoavelmente esperar, ficou aguardando o momento de fechar o show.

Foi uma longa espera. O espetáculo começou pouco depois das 19h com o poeta Allen Ginsberg, cuja balada sobre Sinclair fora passada a Lennon à guisa de informação sobre a causa. Uma nuvem

O advento do messias hippie

de fumaça se formou dentro da arena e durou a noite toda; segundo dizem, um baseado era aceso toda vez que se invocava o nome de John Sinclair. Ao longo das sete horas seguintes, sucederam-se apresentações musicais do artista local Bob Seger, da Teegarden & Van Winkle, de Phil Ochs, da Commander Cody and His Lost Planet Airmen ("Hot Rod Lincoln"), da The Up e do saxofonista de jazz Archie Shepp. Entre as apresentações, enquanto se trocavam os instrumentos e amplificadores, o público ouvia a retórica revolucionária de Rennie Davis, Bobby Seale, Jerry Rubin e outros que tinham ido a Ann Arbor para libertar o maconheiro encarcerado; cada orador apresentava também a sua visão sobre as prioridades do Movimento.

Davis fez um discurso inflamado sobre a hipocrisia do governo: desde que, dois anos antes, Sinclair começara a cumprir sentença, as forças norte-americanas – por ordem de Nixon – haviam bombardeado o Sudeste Asiático à taxa de "duas e meia Hiroshimas por semana" – enquanto o governo tentava convencer o país de que a guerra estava acabando.[17]

Seale, um dos pioneiros dos Panteras Negras, expeliu uma diatribe poética em versos livres sobre a "poluição histórica" da guerra, da fome, dos assassinatos e da injustiça – uma salmodia rítmica que se antecipou em décadas ao rap: "A única solução para a poluição é uma revolução popular humanitária!"

Rubin, agitado como sempre, fez um abrangente pronunciamento sobre a situação da união hippie. "Todas as pessoas que dizem que o Movimento e a revolução acabaram deviam ver o que está acontecendo aqui", declarou. "Eu não acho que acabaram."

Mas o que de mais interessante Rubin disse – ao menos para algumas pessoas na plateia – foram as suas especulações sobre o que poderia acontecer na convenção republicana do ano seguinte, 1972, até então programada para a Califórnia.

"Nós devemos fazer com os republicanos o que fizemos com os democratas em 1968", disse Rubin. "Levar 1 milhão a San Diego."

Dave Dellinger, seu veterano companheiro dos Sete de Chicago, fez referências similares, incluindo a ideia de um concerto político. "Queremos John fora da prisão", disse, "para organizar a música em San Diego."[18]

Mas havia mais do que ativistas radicais: o show e a apresentação de Lennon foram apenas o carro-chefe de um movimento maior. Estimulada pelos novos projetos de lei para a redução da pena por posse de maconha, e consciente de que o apoio de um Beatle pusera os holofotes sobre a causa, a campanha pela libertação de Sinclair ganhou impulso. Em pronunciamento lido durante o show, o prefeito de Ann Arbor, Robert J. Harris, disse que a sentença de Sinclair era "um horror", "uma desgraça", e elogiou o Legislativo do estado por tomar a iniciativa de rever as leis sobre a maconha; e o Conselho Municipal de East Lansing City já havia aprovado uma resolução em apoio à campanha pela libertação de Sinclair.

"Nunca houve na história algo assim", disse Leni Sinclair, pensando antes de tudo em ter de volta o marido e pai. "E não será a última vez – tudo isso é bom demais."

Os organizadores conseguiram fazer o próprio John Sinclair se dirigir à multidão por meio de uma breve ligação do telefone público da penitenciária. Andrews subiu ao palco, interrompeu o espetáculo e anunciou: "Senhoras e senhores, temos uma chamada telefônica de Jackson."

"Estou tão emocionado que nem sei o que dizer", foram as suas primeiras palavras. Ao pedir à multidão: "Digam-me alguma coisa", a resposta foi a maior ovação de toda a noite, uma grande e tocante aclamação.

À 1h da manhã subiu ao palco aquele que foi, para muitos, o grande destaque musical da noite; um convidado especial não anunciado cuja presença o próprio Andrews garante só ter confirmado poucos dias antes do evento.

"Eu estava no escritório quando o telefone tocou", lembra Andrews. "Era Stevie Wonder. Depois que conseguimos John Lennon, nada mais me surpreenderia. Stevie disse que queria participar."

Wonder, um sucesso da Motown* cujo gênio musical brilhava intensamente desde os 13 anos, era politicamente cauteloso. Segundo Andrews, ele queria deixar claro que não defendia nem apoiava o uso de drogas, mas "sabia que o que fizeram com Sinclair não foi nem um pouco bonito".

Quando Wonder começou a cantar "For Once in My Life", os ouvidos de Lennon se ligaram nos bastidores. Ignorando que o astro da Motown estaria na programação, Lennon saiu à procura de Andrews para ficar perto do palco.

"Stevie Wonder está aqui?", gritou Lennon, incrédulo. "Eu preciso vê-lo!"

Ao imaginar Lennon no meio da multidão, Andrews hesitou.

"Um Beatle não desfila no meio do público", advertiu Andrews.

"Você não entendeu", disse Lennon. "Stevie Wonder é o meu Beatle."

Cercado por um pelotão de seguranças, Lennon desceu pelo túnel até junto do palco. Ao reconhecê-lo, os espectadores mais próximos, estupefatos, deixaram Wonder de lado por um momento e se aglomeraram à sua volta – uma proximidade nada confortável para Andrews.

---

* Gravadora fundada em 1959 na cidade de Detroit; também um apelido da cidade, por redução de Motor Town.

"Eu disse a John que aquilo não era nada bom, e ele, como bom soldado, obedeceu", lembra Andrew. "Ele me agradeceu... Parecia uma criança vendo Stevie Wonder."

Wonder foi atipicamente franco em sua política e sua música naquela noite. Cantou "Somebody's Watching You", de Sly Stone, dedicando-a ao FBI e a "todos os policiais infiltrados na plateia". A propósito da finalidade do show, Wonder questionou um sistema de justiça que prendia Sinclair, mas não punia a Guarda Nacional de Ohio: "Um homem pega dez anos de prisão por posse de maconha enquanto outro, que matou quatro estudantes em Kent State, fica livre. Que porra é essa? Às vezes eu sinto muito nojo e muito desânimo."

Oito horas depois do início do espetáculo, Lennon subiu ao palco para cantar quatro músicas ainda não gravadas: "Attica State", "The Luck of the Irish", "Sisters, O Sisters" e a balada tributo da noite "John Sinclair". Lennon foi apresentado por David Peel com uma canção em homenagem ao casal: "John Lennon, Yoko Ono, a cidade de Nova York é amiga de vocês", entoou ele, com seu jeito inexpressivo.

Lennon entrou no palco sem alarde, mas entusiasticamente aplaudido, de óculos e jaqueta de couro, carregando duas guitarras. Apresentou "Attica State", que disse ter começado a compor "de improviso" na comemoração do seu aniversário de 31 anos, em outubro. "Depois, terminamos", disse. Testou o microfone com um "alô, alô" e começou a música, com sua poderosa batida.

Não foi uma de suas melhores apresentações, um fato óbvio para todos, ele próprio inclusive. Várias vezes durante a apresentação ele precisou se acertar com a banda de apoio, visivelmente frustrado. Algumas críticas foram duras: "Quase não valeu a pena esperar", escreveu Bill Gray, do *Detroit News*, que não gostou das músicas "desconhecidas" nem do vocal de Yoko em "Sisters, O Sisters".[19]

O advento do messias hippie

Lennon introduziu "John Sinclair" com alguns comentários. Enquanto afinava a guitarra, dirigiu-se à plateia com o seu modo simples e direto de falar aos amigos. Estava ali para ajudar Sinclair, é claro, e "dar publicidade ao que estava acontecendo", mas a mensagem que queria divulgar era maior do que a prisão de um homem.

O discurso de Lennon era o roteiro de uma nova era. Ele queria que as pessoas soubessem que a indiferença passiva e o protesto complacente pertenciam à década de 1960, aos discos dos Beatles.

"Apatia não leva a nada... Nós podemos fazer alguma coisa. O *flower power* não deu certo? E daí? A gente começa de novo."

E cantou: "Libertemos John agora, se pudermos, das garras do homem."

Foi exatamente o que aconteceu, cerca de 48 horas depois.

CAPÍTULO 2

JOHN E OS ELEFANTES*

"A música que eles planejam usar para destruir a moral dos Estados Unidos é esse lixo pútrido, obsceno, imundo, lascivo e devasso que se chama rock and roll."
– JACK VAN IMPE

JOHN LENNON COSTUMAVA dizer que se sentia tolhido nos discos dos Beatles; que há limites para a voz de um indivíduo quando ele faz parte de um grupo. As canções poderosamente pessoais de seu primeiro álbum autenticamente solo *John Lennon/Plastic Ono Band*, de dezembro de 1970, estão entre os seus melhores trabalhos. Em *Plastic Ono Band*, ele optou por um estilo despojado muito antes que o termo *unplugged* fosse criado para definir música acústica. Para Lennon, foi apenas uma questão artística: a emoção nua e crua funcionava melhor com menos instrumentos. Poucos artistas revelam mais abertamente a dor que carregam em seu íntimo do que Lennon interpretando "Mother", inspirada pela psicoterapia do "grito primal" a que se submetera, então em voga; as letras que falam de seu pai ausente e da perda de Julia Lennon estão entre as mais dolorosas e sinceras de sua obra.

---

* O termo "*the Elephants*" é reiteradamente utilizado pelo autor para se referir tanto à banda Elephant's Memory (e aos seus membros), como aos Republicanos (Nixon).

Lennon se instalou em Manhattan justamente quando o seu segundo LP pós-Beatles, *Imagine*, foi lançado, em setembro de 1971. Entusiasmado, ele disse à revista *New Musical Express* que foi "a melhor coisa que eu já fiz na vida".[1] A banda era fantástica, disse ele, e incluía "um cara chamado George Harrison. (...) George costumava tocar com os Bubbles, ou algo assim", e ele esperava que o álbum agradasse aos fãs mais ligados na música comercial. "Eles vão ver. Não é tão pessoal quanto o último álbum, mas eu aprendi bastante; este é bem melhor, sob todos os aspectos. É mais leve também – eu me sentia superfeliz."

Os críticos não sabiam muito bem o que pensar: o álbum era bom, com certeza, mas não tão inovador quanto *Plastic Ono Band*. Continha momentos de introspecção, como "Crippled Inside", ao lado de trabalhos mais convencionais, como "Jealous Guy" e a divertida "Oh Yoko". O lado mordaz de Lennon aparecia numa ode cruel a Paul McCartney, "How Do You Sleep", e a política dominava a provocativa "Gimme Some Truth", dirigida a Nixon.

Os críticos apreciaram a retórica da revolução, mas esperavam de Lennon nada menos do que genialidade – musical e ideológica. Ben Gerson, da *Rolling Stone*, teceu comentários sobre o homem e a música: "John Lennon inventou para si uma nova carreira – como 'piolho' político, membro flutuante da vanguarda internacional e equilibrista psicologicamente mais atrevido do rock. O outro lado da moeda é não ter caído na complacência em que se deixaram ficar outras feras do rock and roll."[2]

Gerson fez um aceno aprovador à contribuição filosófica da faixa-título: "A consolidação da consciência primal em um movimento mundial", ou seja, o seu apelo para imaginarmos um mundo sem religiões nem países, "que seja um mundo de fraternidade e paz". Descreveu o canto de Lennon como "metódico, mas não propriamente virtuoso, a melodia indistinta, salvo pelas transições, que me parecem muito boas".

Acima de tudo, o crítico questionava onde haveria de estar o Lennon autorreflexivo, o poeta introspectivo de uma geração, agora dedicado à crítica social. Em "Gimme Some Truth", o músico se dizia farto de "primas-donas esquizofrênicas-egocêntricas-paranoicas". Estaria brincando involuntariamente de "jogo da verdade" consigo mesmo?

"De quem ele está falando agora?", indagou Gerson. "Parece-me que John está diante do mais importante desafio de sua carreira, nos planos pessoal e artístico. Mas o que seria de grandes artistas como John sem o seu talento?"

"Gimme Some Truth" foi o cartão de visita de Lennon nos Estados Unidos; ele estava a fim de tentar coisas novas, mas cansado de tantas mentiras. Invocando um apelido popular de Richard Nixon, Lennon advertia: "Nenhum filho engomadinho e covarde de Tricky Dickie vai me apaziguar* com discursos de esperança."**

• • •

ESTIVESSEM OU NÃO os críticos preparados para o novo papel que havia criado para si mesmo, Lennon estava aberto a novas ideias, fossem de líderes da esquerda, de uma variadíssima gama de artistas musicais e visuais e até de provocadores.

"John e Yoko queriam orientação sobre como participar do que estava acontecendo em Nova York", diz John Sinclair. "O papel de Yoko Ono nessa transformação foi fundamental. Ela já era uma

---

* No original, "*mother-Hubbard soft-soap me*". Mother Hubbard é a personagem de uma cantiga infantil inglesa que faz tudo pelo seu cão.
** *No short-haired, yellow-bellied, son of Tricky Dicky/Is gonna mother-Hubbard soft-soap me/With just a pocketful of hope.*

figura de proa na contracultura norte-americana do início da década de 1960, especialmente nas artes."

Tão entusiasticamente quanto John Lennon era saudado e procurado pelo alto escalão do show business e da política radical, Yoko era acolhida pela vanguarda artística como uma figura dotada de luz própria. Em setembro, pouco antes de se mudarem para o Village, os Lennon foram passar um fim de semana em Syracuse, estado de Nova York, para a abertura de "This Is Not Here", a primeira grande exposição do trabalho de Yoko nos Estados Unidos, no Everson Museum of Art. Jim Harithas, o diretor do museu, disse ao *Syracuse Post-Standard* que tinha em boa conta a arte conceitual e que Yoko era "um de seus primeiros e mais brilhantes expoentes".[3]

A arte conceitual era incompreendida pela opinião geral dos subúrbios dos Estados Unidos, que rejeitavam, quando não ridicularizavam, o seu simbolismo abstrato. Um editorial do *Syracuse Post-Standard* chamou a exposição de "uma afronta ao bom gosto", e não apenas pela arte. Igual desprezo recaiu sobre o museu, por ter convidado à cidade um homem que dissera ser mais popular que Jesus Cristo.

Lennon respondeu numa carta endereçada a "quem quer que tenha escrito essas bobagens sobre ARTE".[4] Achando-se no direito de falar um pouco sobre o assunto, afirmou que os artistas sofriam, fazia tempo, com as farpas de críticos sem talento:

> *Eu esqueci pessoas como você! Ora, ora – você ainda existe, é claro, em cidadezinhas de todo o mundo. (...) Que diabos tem a ver a atual exposição do Everson Museum com o que disse há quatro ou cinco anos o marido da artista? Faz séculos que os artistas se enfrentam com mexericos burgueses*

cavilosos de "gente cinzenta" (ou Blue Meanies!).* A sociedade só gosta de artistas mortos.

P.S. Por que você não vem ver a arte? Tenho certeza de que o homem que você acha que eu insultei daria a outra face e viria.

Dentre os milhares que compareceram ao espetáculo, estavam luminares como Bob Dylan, Dennis Hopper e – atraído mais pela artista plástica – Andy Warhol, cuja Factory incluía músicos, pintores e cineastas pertencentes à nova vizinhança do casal no centro da cidade, um elenco variegado tão aberto ao trabalho de Yoko quanto à música de Lennon.

"Ela estava lá, cara", diz Sinclair. "Era uma puta loucura ver gente chegando com uma tesoura e cortando as próprias roupas. Ninguém fazia nada do gênero na época; Yoko conheceu [Lennon] numa dessas performances artísticas bizarras em Londres."

Uma das instalações de Yoko era uma escada de abrir que a pessoa subia para olhar por uma luneta presa ao teto e ver a palavra "*Yes*"; outra convidava o circunstante a pagar alguns centavos para bater um prego num pedaço de madeira. (Diz-se que Lennon fez a contraoferta de pagar com uma moeda imaginária para pregar um prego imaginário.) Outras desenvolviam o conceito de "*bagism*",** lançado por Lennon e Yoko em 1969 e explicado numa entrevista coletiva que concederam com o corpo envolto por um enorme saco de lona: "comunicação total" sem juízos sobre a raça, a cor da pele, a roupa e a etnia formados com base na aparência.

---

* No filme O *submarino amarelo*, de 1968, os Blue Meanies formaram um exército ficcional de criaturas raivosas, embora histriônicas, que detestavam música; representação alegórica de todas as pessoas ruins do mundo.
** De *bag*, bolsa, saco.

"Se as pessoas fizessem entrevistas de emprego dentro de sacos", disse Lennon a David Frost, "não seriam recusadas por serem negras ou verdes, nem por terem cabelo comprido."[5]

Lennon levou para Nova York a mesma receptividade e curiosidade por música e arte de uma década antes, um interesse que ia do existencialismo alemão à meditação indiana. Ele sabia existirem em Nova York espíritos afins, também portadores de mensagens artísticas e políticas; e sabia melhor do que ninguém vender e tornar acessíveis ideias criativas. Foi assim que transformou a sua lua de mel numa entrevista coletiva pela paz, concedida em seu quarto de dormir. E ainda mandou instalar, numa dezena de cidades ao redor do mundo, outdoors com a frase "A guerra acabou... se você assim quiser".* Essas iniciativas eram, segundo ele, um método para enviar uma mensagem simples:

> *Tentávamos vender a paz como se vendem sabonetes e refrigerantes; [é] a única maneira de conscientizar as pessoas de que a paz é possível. A violência não é inevitável e ponto final, e não falo apenas da guerra, mas de todas as formas de violência. Somos todos responsáveis por Biafra, por Hitler e tudo o mais, por isso estamos dizendo "Vendam a Paz". Basta pôr um aviso na janela. Anuncie aos outros que você é pela paz – se você acredita nela.*

Em resposta às inevitáveis críticas, Lennon voltou a atenção para a própria mídia, o que significava que a mensagem seria replicada. À jornalista Gloria Emerson, do *New York Times*, disse que estava tentando contrapor pensamentos positivos às manchetes

---

* No original, *War is over... if you want it*.

de guerra por meio de coisas como outdoors e aparições para a imprensa no leito conjugal.

"Já que vou sair na primeira página, que seja ao lado da palavra 'paz'", disse Lennon.[6]

Gloria questionou se ele não havia passado dos limites, correndo o risco de parecer "ridículo" com encenações publicitárias do gênero *bed-ins*. Ela admirava o trabalho de Lennon, mas considerava-o um homem de talento e inteligência agindo tolamente.

"Não havia muita gente do lado dele", lembra Sinclair. "Quem anunciava a paz na Times Square? O seu próximo filme, talvez, mas não a paz."

A paz era o objetivo máximo dos líderes e organizadores da Nova Esquerda, dos ativistas yippies, dos defensores dos direitos humanos e das feministas – e todos reconheciam o poder que Lennon tinha para unir as pessoas. E ele, por sua vez, estava louco para conhecer gente. Gente que estivesse fazendo as coisas acontecerem.

"Ele não queria um ajuntamento de puxa-sacos", diz Sinclair. "Lennon estava em busca de pessoas que estivessem fazendo coisas para pôr as cartas na mesa. Isso foi extraordinário. Normalmente, quando se queria que alguém fizesse alguma coisa, era preciso implorar de joelhos. Ele desejava participar."

• • •

ROCK AND ROLL panfletário era coisa corriqueira no Village e nos bares mais legais de Nova York, onde os heróis locais eram merecedores de estima igual, senão maior, à que faziam jus os campeões das paradas de sucessos. Lennon ouviu comentários entusiásticos de Jerry Rubin, David Peel e outros sobre uma banda de rua da pesada chamada Elephant's Memory.

Atração principal no Max's Kansas City e trilha sonora de alguns filmes provocativos, os Elefantes praticavam arte no estúdio Magnagraphics, na Bedford Street, a poucas quadras do apartamento de Lennon, na Bank Street. Bob Prewitt, dono da Magnagraphics, pensava nos Elefantes como autênticos heróis da contracultura que não se misturavam às gravações convencionais feitas no estúdio, uma lista de bandas e artistas que incluía o Sha Na Na, o Blue Oyster Cult, a diva desbocada Bette Midler, os trabalhos comerciais da Electric Company e, poucos anos depois, o Kiss. Os Elefantes eram "músicos-músicos", artistas de talento com credibilidade estabelecida no mundo underground.

"Eles eram os reis das ruas", diz Prewitt. "Havia o establishment e os caras da rua. Os Elefantes eram uma banda do gênero 'poder para o povo', bem no meio do povo."

O saxofonista Stan Bronstein, veterano da orquestra de Tito Puente, e o baterista Rick Frank haviam formado o grupo em 1967, liderando um elenco rotativo que, por pouco tempo, teve Carly Simon como vocalista. Uma das muitas lendas da mitologia dos Elefantes é a de que Carly saiu depois que os membros da banda jogaram seu namorado escada abaixo. Eles eram assim, um grupo nascido em boates de striptease e amigos de gangues de motocicleta.[7]

Inexplicavelmente, os Elefantes fizeram fama como grupo pop de "música chiclete"* do selo independente Buddah (*sic*) Records. Apesar da reputação de selo "mais leve", o LP *Elephant's Memory*, de 1969, trazia na capa uma foto "cápsula do tempo", com todos os membros da banda – incluindo Michal Shapiro, que substituiu Carly na função de vocalista feminina – sem roupa e com o corpo

---

* No original, *bubble-gum*: rock and roll caracterizado por fraseado e letras simples e repetitivas.

coberto de desenhos coloridos. O álbum fez pouco sucesso, embora duas canções — "Old Man Willow" e "Jungle Gym at the Zoo" — tenham entrado na trilha sonora do filme *Perdidos na noite*, de John Schlesinger. (Apesar de classificado como "X" (adulto) ao ser lançado, esse duro retrato da vida nas ruas de Nova York foi aclamado pela crítica e ganhou o Oscar de Melhor Filme. Foi também um dos maiores sucessos de bilheteria de 1969, alavancando a carreira de Dustin Hoffman e John Voight e alertando aos estúdios de Hollywood para o fato de que — paralelamente à mudança cultural no rock — um novo dia havia raiado no cinema.)

Eram faixas notáveis, mas totalmente à margem da fórmula do sucesso. Não houve planos para um segundo álbum na Buddah Records e o grupo continuou com uma formação sujeita a chuvas e trovoadas.

"Isso não era problema também, porque eles não estavam com essa bola toda naquela época", escreveu, em 1971, Toby Mamis,[8] menino-prodígio do underground que editava um jornal secundarista alternativo chamado *New York Herald-Tribune* e se tornou mais tarde relações-públicas da Apple Records. Mamis escreveu que o som inicial da banda era "uma cruza detestável de Blood, Sweat and Tears e Melanie. Eram um fiasco em qualquer lugar onde tocavam, assim como nas lojas de discos".

Na década seguinte, a banda resgatou sua ousadia rueira, que combinava com seu modo de vida, mas não se traduzia em música. Os Elefantes "reemergiram", informou Mamis, e uma vez mais pagaram o tributo devido à obtenção de um contrato de gravação: tocaram em festivais, escolas e todo lugar onde houvesse público.

Os Elefantes retornaram à Magnagraphics com uma nova atitude e canções condizentes. As músicas de *Take It to the Streets*, álbum de 1970 pelo selo Metromedia, pareciam deliberadamente concebidas para fugir das rádios comerciais, com letras que falavam em provocar incêndios e matar policiais ("porcos"). Uma das faixas, "Tricky Noses", terminava com o que um crítico descreveu como "um súbito tiroteio".[9] Mas o modesto sucesso da faixa "Mongoose" elevou os Elefantes a um novo patamar de atenção pública e rendeu-lhes uma semana inteira de apresentações no Folk City* em julho de 1971.

"Elephant's Memory Mescla Radicalismo e Som Rascante" foi o título de um artigo de Mike Jahn no *New York Times*: "Em geral, os gestos políticos das bandas não passam de simples 'V's de paz e amor e apelos ocasionais ao 'poder popular'. Mas um grupo que berra 'Fora com os porcos' só pode esperar dificuldades no trato com o establishment do negócio musical. É o caso da Elephant's Memory."[10]

O *NYT* mencionava a encarnação anterior do grupo como adepta de "uma forma suave de jazz-rock de curtição", mas a nova formação, com Bronstein, Frank, o baixista Gary Van Scyoc, o tecladista Adam Ippolito e o guitarrista Crow Eisenberg, tocava "um rock agressivo, áspero e ruidoso, eivado de radicalismo indignado". A atitude da banda gritava tão alto quanto a sua música: "O grupo é um dos poucos de Nova York que tem a coragem de persistir mesmo sem fazer sucesso."

O contrato com a Folk City aumentou a visibilidade dos Elefantes, levando a *Billboard* a divulgar nota sobre a atitude contracultural que levavam ao palco: "São irreverentes para com a convenção musical e às vezes não estão nem aí para o próprio público. Mas transmitem um bom sentido musical e uma batida enérgica (...) um retorno ao rock and roll."[11]

Na capa de *Take It to the Streets*, a nudez *flower power* do primeiro álbum foi substituída por uma imagem granulada em preto e

---

* Espaço musical do West Village, inaugurado em 26 de janeiro de 1960.

branco da banda botando pra quebrar num protesto de rua. Sem qualquer charme no palco, que dirá apelo aos corações adolescentes, a banda foi descrita por um fã, na *Rolling Stone*, como "mais feia que uma Grateful Dead com cinco Pigpens", referindo-se a Ronald "Pigpen" McKernan, baterista da banda californiana. Em privado, Mickey Ruskin, o proprietário de uma boate, disse que os músicos conservavam algumas tradições vetustas em detrimento das tendências da moda: "É interessante ver tocar, por alguns trocados, uma banda viciada em álcool."[12]

Ruskin era o dono do Max's Kansas City, um lugar de música ao vivo da Park Avenue South onde os Elefantes batiam ponto. A banda se encaixava no mundo de arte, cultura, política e música anticonvencionais do Max's, cujo lendário *backroom* era dominado pelo Velvet Underground. A música do Max's refletia gostos e temperamentos tão diversos quanto os Elefantes, com toda a sua gloriosa feiura, e os andróginos pioneiros do *glam rock* David Bowie e New York Dolls – ao lado de alguns dos mais notórios ativistas políticos do Village.

Os Elefantes ganharam considerável experiência com os recém-chegados Gary Van Scyoc e Adam Ippolito. Apesar de bem mais jovens, eles acrescentaram ao grupo um respeitável talento. Van Scyoc ficou famoso em sua Pittsburgh natal com os Dynatones, um grupo pop do selo Hanna-Barbera que fez sucesso com "The Fife Piper", em 1966, antes de se dissolver. Van Scyoc mudou-se para Nova York em 1968 e, baixo em punho, trabalhou em jingles comerciais e fez um "quase bem-sucedido" teste de palco para o musical do momento, *Hair* – uma experiência que bastou para convencê-lo de onde estava o seu futuro: "O ramo da música era o que me convinha, mais do que o teatro."

Van Scyoc se juntou em seguida ao Pig Iron, um grupo nova-iorquino com raízes no jazz-blues que tinha Ippolito nos teclados.

O álbum *Pig Iron*, de 1970, pela Columbia, trazia uma versão de "I Put a Spell on You", de Screamin' Jay Hawkins. A exposição levou o trabalho de estúdio de Scyoc à gravadora Atlantic, que tinha Neil Sedaka como um de seus principais talentos. No começo de 1971, pouco depois da dissolução do Pig Iron, Van Scyoc integrou-se aos Elefantes – uma banda sólida, em sua opinião, com credenciais estabelecidas, que poderia fazer sucesso desde que conservasse aquela formação.

"Os dois membros principais, Stan e Rick, eram a banda", diz Van Scyoc. "Stan era o cara do talento e Rick, o do negócio. Tiveram dois vocalistas diferentes e um monte de guitarristas; eu me lembro de ter tocado com cinco guitarristas em meu primeiro ano."

Quando precisaram de um tecladista para completar o grupo, Van Scyoc sugeriu Ippolito, um natural de Nova Jersey destinado a ser músico graças ao pai e ao avô bateristas. Depois de sua época de Pig Iron, Ippolito teve uma breve passagem pelo musical *Soon*, retirado de cartaz depois de apenas três apresentações no teatro Ritz, na Rua 48. (Vale notar que o elenco de *Soon* contava com os estreantes Richard Gere e Nell Carter, além de Barry Bostwick.) "[Era] uma ópera-rock sobre uma banda, seus agentes e tietes", diz Ippolito. "Eu tocava no fosso. Depois disso, fiquei por aí, e Gary me convidou para tocar na Elephant's Memory."

Os fãs podem ser fiéis a um ou outro gênero musical, mas os músicos – aqueles que vivem do próprio talento – valorizam e compreendem uma variedade de estilos, gostos e culturas. Ippolito foi treinado em jazz, sua paixão ao se formar no secundário, em 1964 – ano do auge da Beatlemania.

"Para falar a verdade, eu não achava os Beatles grande coisa", diz Ippolito. "Mas no primeiro ano de faculdade um amigo meu, estudante de canto, me ligou na dos Beatles e dos Beach Boys. Quando dei pela coisa, eu queria entrar na onda."

Nos testes da Elephant's Memory, a música não era necessariamente o único fator. "Rick era provavelmente o líder político do grupo, embora Stan o seguisse na boa", diz Ippolito. "Logo na primeira noite eles me perguntaram o que eu achava da política deles."

Acreditassem ou não que a banda era capaz de representar o Movimento, tanto Van Scyoc quanto Ippolito disseram que as chances de sucesso comercial do grupo melhoraram com o ingresso de seu mais novo e jovem membro, o guitarrista texano Wayne "Tex" Gabriel.

Gabriel e sua mãe, Marian, deixaram o estado da Estrela Solitária* no começo da década de 1950, quando ele era bebê, fugindo de um pai violento e quase sempre ausente. Gabriel passou a juventude em Highland Park, Detroit, onde suas ambições no futebol americano foram sepultadas por uma lesão enquanto cursava o secundário, da qual se recuperou dedicando-se ao violão com natural desembaraço.

A primeira vez que Gabriel viu Lennon fora da televisão foi no show dos Beatles no Olympia Stadium, em 1966. Mas na apresentação ao vivo – como os próprios Beatles percebiam na época – não dava para apreciar a música: "Não se ouvia nada com aquela gritaria. As garotas ficavam... histéricas!"

Gabriel fez alguns trabalhos no Michigan antes de se aventurar por Nova York, em 1970, uma viagem lembrada principalmente por um clássico episódio de "carro quebrado na entrada do túnel Lincoln".

★ *Lone Star State*: apelido do estado do Texas, derivado do desenho de sua bandeira.

De volta para casa, tocou durante alguns meses no Detroit, banda de Mitch Ryder, na verdade a Detroit Wheels, renovada sob a liderança do cantor de "Devil with a Blue Dress on". O sonho de Nova York permaneceu, no entanto, e Gabriel retornou a Manhattan no verão de 1971 para uma nova tentativa. Sua mãe, falecida alguns meses antes, não pôde dividir com ele a boa notícia de ter feito um teste e conseguido emprego com a Elephant's Memory – uma oportunidade promissora numa vida que ainda era, essencialmente, de músico mambembe.

"Tex instalou-se inicialmente no apartamento de Stan, uma espécie de abrigo para animais sem dono – cães, gatos e o que mais pintasse", diz Ippolito. "Como já tinha dois cachorros, acabou vindo para o meu apartamento. Wayne dormia na sala e às vezes, não sei por quê, na cozinha."

Segundo Van Scyoc, do ponto de vista musical Gabriel foi a resposta às preces da banda.

"Quando Tex chegou de Detroit, eu disse: 'Temos que pegar esse cara'", recorda Van Scyoc. "Ele se encantou com a banda e nós com ele. Era um músico fenomenal. Lembro-me até de ter dito à minha mulher que havíamos encontrado um novo Eric Clapton."

Um de seus primeiros trabalhos com a banda foi a reapresentação em Folk City. A impressão que ele deixou no grupo foi a mesma que repercutiu na imprensa.

"Wayne Gabriel está com a Elephant's Memory há apenas duas semanas", relatou a *Variety* em 8 de dezembro. "Ele caiu como uma luva e teve até uma música de sua autoria, 'Life', incluída no show. A fama da Elephant's Memory começa a crescer."

Van Scyoc observa que o aumento da notoriedade era uma faca de dois gumes. A cruzada da "música para as massas" se tornara uma fonte de tensão e, em fins de 1971, ele vinha considerando outras opções.

"Eu estava cansado de tocar de graça", admite Van Scyoc.

• • •

> *Que desperdício de humanidade,*
> *Que desperdício de vidas,*
> *Detentos abatidos das torres,*
> *Quarenta e três pobres viúvas.**
> – JOHN LENNON, "Attica State"

EM 16 DE DEZEMBRO, uma semana depois de ter tocado no Michigan para uma plateia de milhares de pessoas reunidas em apoio a um poeta preso, Lennon gravou uma participação no programa de entrevistas de seu velho amigo David Frost, agora transmitido de Nova York. Num auditório diminuto, Lennon e Yoko tomaram assento à beira de um degrau circular com o público a poucos metros de distância.[13]

Vencidas as preliminares, passaram direto a "Attica State". Lennon tocou violão, acompanhado por Yoko e Rubin nos bongôs e dois guitarristas da banda Lower East Side. O assunto estava fresco na memória dos nova-iorquinos. Três meses antes, o grande tema das manchetes fora uma rebelião em Attica, uma prisão do norte do estado. Em resposta ao assassinato do detento

---

* *What a waste of human power, / What a waste of human lives / Shoot the prisoners in the towers / Forty-three poor widowed wives. / Attica State, Attica State, we're all mates with Attica State / Media blames it on the prisoners / But the prisoners did not kill / "Rockefeller pulled the trigger" / That is what the people feel / Attica State, Attica State (...) / Free the prisoners, jail the judges / Free all prisoners everywhere / All they want is truth and justice / All they need is love and care / Attica State, Attica State (...) / They all live in suffocation.*

californiano George Jackson, mais de 1.200 detentos de Nova York tomaram o controle de Attica para exigir melhores condições prisionais. O governador Nelson Rockefeller mobilizou mais de 1.700 soldados para controlar a situação pelos meios que fossem necessários e a batalha subsequente se converteu em um polêmico banho de sangue.

Na música apresentada à plateia do estúdio de Frost, Lennon ia muito mais longe do que em suas canções e hinos pacifistas anteriores. "Attica State" expressava, sem meias-palavras, o ponto de vista das vítimas do massacre: "43 pobres viúvas", e denunciava que, enquanto "a mídia culpa os prisioneiros", as ruas dizem que "Rockefeller puxou o gatilho".

A canção terminava com o refrão: "Somos todos companheiros de Attica State." Seguiram-se aplausos educados.

Para muitos em Nova York, a sugestão de que "tudo de que eles precisam é amor e carinho" não era uma solução prática, muito menos numa cidade em que os índices de criminalidade estavam entre os mais altos do mundo. Era uma época tensa nos dois lados da lei: em maio de 1971, Frank Serpico – um policial cabeludo que morava no Village – denunciara à Comissão Knapp de investigação interna a corrupção quase epidêmica que assolava o Departamento de Polícia de Nova York. Sua cruzada pessoal terminara meses antes, em fevereiro, ao ser baleado durante uma operação antidrogas – provavelmente uma emboscada arquitetada pelos próprios colegas.

John Lennon desafiou o público de Manhattan. Muitos eram fãs incondicionais dos Beatles e adeptos fiéis de um dos principais porta-vozes de sua geração. Eles amavam John e em geral o seguiam nas questões dos direitos civis, da libertação da mulher, dos direitos dos gays e do fim da Guerra do Vietnã, mas não necessariamente a respeito de Attica.

Houve, no auditório, quem expressasse sua opinião. Ofuscados pelo brilho das luzes de palco, Lennon e Frost perscrutaram a plateia e o balcão para saber quem estava falando e se o haviam entendido.

"Nós não ouvimos quem falou aí em cima", avisou Lennon. "Você não quer vir até aqui?"

Frost se levantou, repetiu o convite e abriu espaço junto ao palco. Uma mulher e um homem, ambos com seus 35 anos de idade, tomaram lugar na primeira fila, bem diante de Lennon.

A quarta parede, aquela que existe entre o público e o apresentador, ruiu. Poucos artistas haviam sido tão endeusados por seu público quanto os Beatles e pouquíssimos podiam conversar informalmente com esses mesmos fãs. Eles podiam estar em casa com amigos, assistindo e comentando o noticiário da noite.

É claro que Attica foi uma tragédia, disse a mulher, mas a canção de Lennon "faz parecer que as únicas pessoas que têm valor neste mundo são as que cometeram crimes".

Lennon respondeu dizendo que as "43 pobres viúvas" representavam todos os afetados pelas mortes. "Estamos falando das esposas dos policiais, de todos os que foram feridos lá." A palavra "detentos" foi usada de maneira ampla. "Libertem os detentos, libertem os juízes, libertem todos os prisioneiros em todos os lugares."

Os nova-iorquinos não podem se dar a esse luxo, disse a mulher. "Eu estou numa prisão, morando em Nova York", declarou, dizendo que passava a vida agarrada à própria bolsa e "com medo de caminhar até sua casa". Esses problemas não eram tão simples quanto Lennon dava a entender; não era possível resolvê-los dizendo "paz e amor".

"Nós vamos resolvê-los educando nossos filhos de outra maneira", disse ela, "ou melhorando o nosso sistema penal; não transformando em heróis pessoas que põem uma faca na garganta dos outros."

Lennon admitiu que a solução não era simples.

"Eu entendo que a sociedade ainda não tenha descoberto o que fazer com as pessoas que matam e com as pessoas violentas", disse Lennon. "Não as estamos glorificando. Esta canção passará, mas haverá outra Attica amanhã."

O tema – Attica – era específico, disse Lennon, uma das várias questões contemporâneas sobre as quais ele escrevera como praticante de uma espécie de jornalismo musical, um trovador itinerante que narra lendas melódicas.

"Somos como jornalistas, só que cantamos a respeito", observou Lennon.

Poucas coisas davam mais prazer aos nova-iorquinos do que comentar as manchetes do dia. As cartas iradas ao editor diziam a mesma coisa, fossem publicadas ou dirigidas a um ex-Beatle num programa de entrevistas.

"Quero ver quando eles matarem o seu filho, a sua filha, a sua mãe ou o seu pai!", gritou o homem. "Você fala sobre o que a sociedade fez com eles. Pois dê uma passada por um desses bairros às 2h da madrugada e você não vai mais cantar sobre as pessoas que foram para a cadeia por assaltá-lo."

Frost moderou o debate de modo bastante objetivo: concedeu tempo igual aos pontos de vista opostos, aproveitou para levantar vários tópicos relacionados e disse, no final, que Lennon combinou, como sempre, inteligência e paixão em seu novo trabalho.

"Essa é uma demonstração de que John está escrevendo canções, transmitindo ao público aquilo que o preocupa", assinalou.

Lennon se manteve impávido, mas pareceu frustrado, ansioso para retornar a temas mais confortáveis.

"Vamos ouvir outra canção", disse Lennon. E cantou a música sobre John Sinclair e "Luck of the Irish", sobre a revolta na Irlanda do Norte. Ele viera aos Estados Unidos para fazer exatamente isso, encontrar lugares e razões para cantar. Falou à plateia de Frost sobre seu próximo compromisso, um show em prol das famílias das vítimas de Attica no célebre teatro Apollo, no Harlem.

"Fomos convidados para ir lá, tocar a canção e dar o nosso apoio", disse Lennon. "Nós vamos lá cantar, se eles quiserem, ou só dar um alô, mostrar às pessoas que não vivemos numa torre de marfim em Hollywood, assistindo a filmes sobre nós mesmos, que estamos atentos aos acontecimentos."

Na noite seguinte à gravação do programa, Lennon apareceu, como prometido, no teatro Apollo, dividindo o palco com alguns dos músicos que mais o haviam inspirado. Inseridos de última hora na programação e apoiados uma vez mais por Jerry Rubin e os guitarristas Chris Osbourne e Eddie Mottau, da Lower East Side, John e Yoko pareceram surpreender o público. Ouviram-se gritos sufocados quando o apresentador veio à frente da cortina "para apresentar um jovem casal que decidiu colocar em letra e música para que jamais seja esquecida... a tragédia de Attica State".

Lennon disse que era "uma honra e um prazer" estar no Apollo e contou até quatro antes de tocar "Attica State". A plateia não questionou a letra nem a postura política – ao contrário, também demonstrou achar que "Rockefeller puxou o gatilho" com aplausos e gritos de incentivo. Lennon só tocou três músicas – "Attica State", "Sisters, O Sisters" e "Imagine", apresentada como "uma canção que talvez vocês conheçam" enquanto ensaiava os primeiros acordes no violão.

O show do Apollo foi a terceira apresentação pública de Lennon em menos de uma semana, todas muito breves e marcadas por um tom quase apologético pelas falhas cometidas.[14]

"Alguns de vocês devem estar se perguntando o que estou fazendo aqui sem baterista nem nada", disse Lennon. "Bem, talvez vocês saibam que perdi a minha antiga banda, ou, melhor, que eu a deixei." Estava tentando montar uma nova, revelou, mas estivera mais ocupado do que o previsto naquelas semanas.

Lennon não se importava com o fato de algumas pessoas não entenderem a sua arte, ou a sua política, mas música de segunda era inaceitável para ele, por mais divertido que David Peel fosse. Depois do show do Apollo, identificar um grupo de músicos adequado aos ambiciosos planos que tinha já em curso passou a ser a sua prioridade máxima. Seu novo amigo Jerry Rubin disse conhecer a banda que ele buscava, e ela habitava o coração do Greenwich Village.

• • •

BOB PREWITT DIZ ter sido aconselhado a não dar publicidade ao encontro de John Lennon com a Elephant's Memory. O alerta não era (provavelmente) necessário: os membros da banda underground levavam a música tão a sério quanto John.

Em se tratando de música, Lennon era ao mesmo tempo um fã entusiástico e um artista perfeccionista. Curtia, incentivava e festejava gente criativa, inclusive os sonhadores e diletantes do Village, muitos deles amadores, mas queria um "padrão Beatles" para as suas apresentações. Até ali – Ann Arbor, o programa de David Frost e o Apollo –, conseguira se virar com Peel, a Lower East Side e os talentos percussivos de Yoko e Jerry Rubin, mas tinha planos mais ambiciosos: aparições na TV, gravações em estúdio e turnês. Precisava de uma banda de verdade.

Rubin mostrara a Lennon uma gravação da Elephant's Memory – uma apresentação na rádio WLIL-FM, de Long Island (um show em que também se apresentara um jovem pianista de Oyster Bay chamado Billy Joel). O furioso saxofone de Stan Bronstein e a lancinante guitarra de Wayne Gabriel o impressionaram a ponto de lhes propor um encontro na Magnagraphics.

Os membros da Elephant's Memory não sabiam o que esperar, mas aprenderam rapidamente que John Lennon não era tão fácil de definir quanto se supunha. Em seu primeiro encontro, Lennon agiu como de costume – usou o humor para quebrar o gelo e desviar a típica reação "Ai, meu Deus, é um Beatle". Invertendo a situação, Lennon se mostrou maravilhado por estar com os Elefantes.

"São vocês mesmo?", perguntou Lennon, revelando ter ouvido falar muito do grupo. "São vocês mesmo, *de verdade*?" Fazer graça era uma tática que ele dominava com maestria, estivesse num lugar cheio de hippies ou de chefes de Estado, de roqueiros ou de membros da realeza.

"Yeah", brincou o baterista Rick Frank. "E você é você mesmo?"

A banda segurou a onda, como era de esperar de um grupo de músicos modernos e sofisticados. Mas apesar de iniciados no mundo dos músicos top de linha, Prewitt lembra que "vê-lo em carne e osso foi um choque. Todos esses pensamentos começaram a passar pela nossa cabeça: *Meu Deus, é John Lennon mesmo!* Eu não queria ficar olhando, mas o peso da situação mexeu comigo – as possibilidades eram infinitas".

Não foi um show de aberrações, mas a atmosfera não deixava de ter um toque circense. Lennon vestia um paletó branco, igual ao da capa de *Abbey Road*, não usava barba e trazia o cabelo mais curto do que o gêmeo de Jesus na capa de *Beatles' Swan Song*,* mas sua estampa ainda suscitava lembranças dos surreais anos sessenta.

---

* Livro escrito por Bruce Spizer, publicado em março de 2007, sobre as gravações dos Beatles nos Estados Unidos.

Da zoação, passaram ao terreno comum – a música – e foi aí que fecharam o acordo. Foram horas tocando, passando por dezenas de clássicos do rock: "Hound Dog", "Dizzy Miss Lizzy" e algumas de Chuck Berry. No fim da noite, os Elefantes tinham em mãos a oportunidade de suas vidas.

"John e Yoko ficaram impressionados", recorda Gabriel. "John falou que o nosso som era fantástico e que tinha gostado muito da gente. Nós já meio que o adorávamos, é claro."

De seu posto de observação na sala de controle, Prewitt apreciou a cena: uma banda assumidamente imperfeita tocando com uma lenda. O baterista Rick Frank, que já se referira a si próprio como "Reek Havoc"★ e pertencia, desde sempre, à tradição de percussionistas alucinados de Keith Moon, deu uma aliviada na frente de Lennon. "Ele era louco", diz Prewitt. "Vê-lo dócil e respeitoso como uma criança foi bem interessante."

Ofereceu-se um contrato. A Elephant's Memory recebeu um adiantamento e começou a ensaiar um show completo de músicas de Lennon. Fizeram-se reuniões com a Apple Records para preparar um álbum da banda, produzido por Lennon, junto com as sessões de *Some Time in New York City*. O calendário do ex-Beatle para 1972 – com ou sem os yippies – prometia ser bastante movimentado.

"Ele mencionou um programa de TV que tinha em vista", diz Gabriel, "e quis que conhecêssemos Phil Spector, o futuro produtor do nosso disco."

O improvável golpe do destino que arrancou os Elefantes da sua relativa obscuridade foi uma fonte de pressões, mas também de promessas: tocar com Lennon era uma chance de provar seu valor como músicos.

★ *Reek*, vapor, fumaça, cheiro forte; *havoc*, destruição, devastação.

"Eles se orgulhavam de ser uma boa banda", diz Prewitt. "Tinham um excelente som e eram músicos muito competentes."

As emoções eram ambíguas: excitação por conhecer um Beatle, descrença na perspectiva de trabalhar com ele. Na linguagem do show business, a oportunidade era, em ampla medida, uma faca de dois gumes.

"Em resumo, as nossas carreiras estavam na corda bamba", diz Van Scyoc.

• • •

JOHN SINCLAIR SABIA quais eram suas prioridades ao sair da prisão no começo de dezembro de 1971. Animadíssimo, contou aos repórteres a primeira coisa que pretendia fazer: "Estou indo para casa fumar uns baseados, cara."

A segunda era uma visita de agradecimento ao homem que considerava responsável pela sua libertação.

"A vinda de John Lennon fez com que isso acontecesse", diz Sinclair. "Eles se ligaram que, meu Deus, 'se um Beatle acha que esse cara é do bem, nós temos que soltá-lo'. O público pirou quando John Lennon disse que viria."

O tribunal aprovou a soltura de Sinclair por várias razões – uma delas era a lei estadual que reclassificou a posse de maconha de crime para contravenção –, mas foi Lennon que catalisou a reação. Sinclair não foi o único a achar que sua libertação representava mais do que a liberdade de um homem: "Este cara aqui foi para a cadeia por maconha e nós o tiramos de lá em três dias. Essa é a mitologia em que devemos nos basear", disse.

O uso social do prestígio das celebridades não era nenhuma novidade: fazia tempo que rostos famosos anunciavam todo tipo de produtos – de cereais matinais a cigarros, passando por candidatos a cargos eletivos. Mas tanto os hippies politizados quanto os yippies sabiam que a influência de Lennon era algo muito maior. A questão que se impunha agora era: poderia o mesmo efeito Jesus Cristo, que abrira a Sinclair as portas da prisão, pender a balança contra Nixon na eleição presidencial de 1972?

"Aquilo era um ótimo exemplo", diz Sinclair. "E se seus artistas preferidos apoiassem outras pessoas de quem você também gostava? Isso poderia criar, por todo o país, algo capaz de reunir as pessoas."

Na última semana de 1971, John e Leni Sinclair foram a Nova York levando um clima de júbilo ao apartamento cada vez mais popular e movimentado da Bank Street. Jerry Rubin andara espalhando na mídia a notícia da aliança Lennon-Yippie e prometera levar John e Yoko "ao centro da revolução". A Bank Street tornou-se esse centro. Dentre os convidados daquele mês havia gente famosa e não tão famosa, celebridades e notáveis. Para cada convidado musical – músicos da Lower East Side e Elefantes errantes – havia um ativista: Rubin, Rennie Davis e Stew Albert; os fundadores dos Panteras Negras Huey Newton e Bobby Seale; a feminista Kate Millet; o poeta Ed Sanders e inúmeros outros.

Era o próprio Movimento; eram os líderes radicais em luta para abalar o sistema e derrubar o establishment, terror dos norte-americanos conservadores, que achavam que cabeludos esquisitões representavam uma ameaça comunista... ou coisa pior. Numa dessas reuniões, Rubin tocou uma fita que achava que Lennon ia gostar: um sermão apocalíptico do pastor evangélico Jack Van Impe sobre as maldades que encontrara no livro de Rubin, *Do It*. As páginas não apenas continham "178 'palavras de quatro letras'", como profetizavam uma revolução pervertida, uma autêntica Sodoma e Gomorra dentro dos Estados Unidos: "Sexo nas ruas de todas as grandes cidades, de costa a costa!"[15]

O foco da indignação de Van Impe era o que ele supunha ser o principal veículo dessa grande orgia, esse frenesi sexual nacional: "A música que eles planejam usar para demolir a moral dos Estados Unidos é esse lixo pútrido, obsceno, imundo, lascivo e devasso que se chama rock and roll." Van Impe não se deixava convencer pelos jovens congregados, que diziam que muitas canções de rock traziam mensagens espirituais de paz e amor. Uma fachada falsa, contestava. "Que Deus ajude os pregadores condescendentes que levam esse tipo de música ao púlpito só porque ela diz 'Jesus Salva'", vituperou. "Não são as palavras, é o ritmo que importa."

Lennon achou graça. Desde que aprendera a tocar guitarra, acostumara-se a ouvir que o rock and roll era música do demônio. Ironicamente, gente como Van Impe na verdade subestimava a força do rock, ao menos quando brandido por um Beatle. Na Bank Street, discutiam-se ideias maiores do que as bizarras previsões de Rubin sobre sexo nas ruas: e se o show que tirou Sinclair da prisão fosse replicado pelo país na forma de uma turnê política?

O show em defesa de Sinclair teria sido o protótipo, o evento teste de uma caravana nacional paralela às campanhas políticas de 1972: uma trupe de ativistas, poetas e músicos itinerantes que se juntaria a músicos e políticos locais para angariar fundos para causas locais, incentivar o registro de eleitores e propor uma plataforma política que ajudasse os novos eleitores de 18 a 20 anos a fazer importantes escolhas. As especulações da Bank Street se confirmaram quando os principais articuladores se encontraram, em fins de dezembro, na antiga propriedade de Peter Stuyvesant, em Allamuchy, Nova Jersey. No encontro de Allamuchy, Rennie Davis fez a Lennon uma proposta concreta.

"Propus a John que visitássemos 42 cidades estrategicamente selecionadas; em cada uma delas, escolheríamos um foco ou tema principal", diz Davis, numa dinâmica cujo clímax seria a convenção republicana. "Fui muito claro a respeito do que aquilo poderia significar, mas não tinha certeza de que teríamos êxito. Estávamos afundando e a adesão de John iria nos tirar do pântano. Eu estava curioso para ver o que ia acontecer."

A descrença e a apreensão deram lugar ao entusiasmo quando a ideia recebeu a bênção oficial de Lennon. Jay Craven, um ativista da Universidade de Boston que era o braço direito de Davis desde que os dois se conheceram numa visita deste último ao campus, representava a nova geração de ativistas. Craven e seus contemporâneos, apesar de poucos anos mais jovens do que Rubin, Davis e Hoffman, se consideravam mais pragmáticos que seus predecessores.

"Não éramos filhos do *flower power*, que eram, de certa maneira, filhos dos Beatles", diz Craven. As grandes batalhas do movimento dos direitos civis já haviam sido travadas; ele preferia o ativismo local. "Na verdade, a geração de Rennie e dos Sete de Chicago não abriu as portas para a minha. Nós não estivemos na SDS, não tínhamos as mesmas ideias 'fidalgas' sobre organização."

Uma turnê nacional estrelada por John Lennon demandaria, para decolar, mais do que um pouco de organização; pronto ou não, o plano virou realidade no encontro de Nova Jersey.

"Rennie e Jerry Rubin me puxaram de lado", lembra Craven, "para dizer que John Lennon e Yoko Ono queriam trabalhar conosco e estavam prontos para pegar a estrada e fazer o que fosse com um ônibus e uma banda de *boogie*."

Lennon seria a atração principal e atrairia os músicos; Davis cuidaria dos oradores e das causas. Cada show teria um convidado-surpresa, como Stevie Wonder em Ann Harbor, culminando num espetáculo em agosto que reunisse Lennon e Bob Dylan. A ideia parecia absolutamente tão "brilhante" quanto Sinclair imaginara, mas Davis já vira grandes expectativas serem frustradas pela apatia e pela desorganização. Ele queria ter certeza de que haveria esforço contínuo e dedicação necessária para garantir o sucesso da turnê.

A logística ficaria a cargo de Davis e Craven, gente capaz de organizar coisas tão imensas quanto uma turnê político-musical por vinte cidades. Havia dúvidas crescentes a respeito da eficácia política de Abbie Hoffman e Jerry Rubin, ambos a essa altura mais preocupados com seus próprios projetos literários e provavelmente um tanto embevecidos com a própria celebridade. Hoffman estreou como escritor em 1971 com *Steal This Book* [Roube este livro], que falava sobre como viver sem gastar dinheiro, e vinha trabalhando em *Vote* [Vote], um projeto para 1972, em coautoria com Rubin e Ed Sanders.

"Jerry e Abbie escreviam seus livros, faziam suas coisas e invocavam ocasionalmente o credo yippie em ações e comentários", diz Craven. Eram "figurinhas fáceis" na mídia, mas pouco se envolviam com o dia a dia da preparação de autênticas manifestações. Davis era um grande organizador, mas já estava havia muito tempo na luta.

"Rennie estava desiludido, cansado", assinala Craven. "Ele achava que o Movimento já havia passado pelo auge e vinha declinando."

No começo de 1972, Craven assumiu a linha de frente. A estratégia era fazer a caravana seguir o ciclo das eleições primárias, priorizando os estados mais populosos. A turnê abraçaria várias causas, mas, de acordo com Craven, haveria um foco principal: "Fazer da guerra a questão central da eleição de 1972. Todo candidato que não se opusesse claramente à guerra teria que ser isolado e derrotado. Nixon [havia] continuado a guerra e tinha que pagar por isso."

O plano era ambicioso no papel, mas factível. Lennon disse à *Rolling Stone* que estava tudo acertado para 1972.[16] Política à parte,

Lennon queria muito fazer shows em prol de causas locais, como creches, cooperativas de consumo e postos de saúde. Mas o verdadeiro bônus era o fato de marcar o seu retorno à atividade musical:

> *Tudo o que eu quero é ser músico, levar às pessoas um pouco de amor. O que mais me anima é poder tocar novamente com uma banda. Vai ser o de sempre, só que sem o capitalismo. Alugaremos os espaços, as pessoas pagarão ingressos, mas vamos deixar a nossa parte do dinheiro na cidade, em lugares onde possa ser útil. Queremos fazer o de sempre, a não ser pelo fato de que queremos elevar as consciências também.*

Certas ambições de Lennon – ser um nova-iorquino a mais, ser um homem comum das ruas, um simples membro da banda, e não a sua estrela – beiravam a candura, mas exalavam a alegre inocência do músico apaixonado por Manhattan e pela sua nova banda. Ele intuía que o trabalho com a Elephant's Memory seria duradouro e artisticamente inclusivo. Numa entrevista ao *Village Voice*, ele dissera que o relacionamento entre eles seria mais parecido "com o que existe entre [Bob] Dylan e The Band do que o de McCartney com o Wings" – ao mesmo tempo uma declaração idealista e uma crítica explícita ao novo projeto de seu ex-parceiro.[17]

O vale-tudo da Bank Street e Nova Jersey dava, pois, as boas-vindas a todos os novos adeptos da causa. Leni Sinclair recorda que as reuniões de planejamento incluíam uma jovem que não fazia parte do Movimento, mas tomava notas num bloco de taquigrafia. Era uma informante. Fazia tempo que o FBI tinha olhos e ouvidos postos em Rubin, Davis e seus companheiros. Em 1972, o ex-Beatle John Lennon foi acrescentado à lista.

• • •

LENNON TALVEZ TIVESSE dúvidas – e em pouco tempo começou a se acautelar – em relação às novas amizades políticas. Como sempre, encontrava consolo na sua arte. Aos 31 anos, relacionar-se novamente com músicos talvez o tornasse nostálgico dos verdes anos em que os Beatles ainda eram um sonho por se realizar.

Lennon curtia improvisar com sua nova banda. Estúdios, boates e até esquinas – estiveram numa, certa noite – eram lugares igualmente propícios para tocar e o faziam se sentir em casa: um prazer simples a que fora obrigado a renunciar a partir do momento em que os berros alucinados das fãs passaram a ser a única coisa que se ouvia nos shows dos Beatles. E a própria música era mais do que apenas música: eles saíam juntos, improvisavam, se conheciam. "O metabolismo da banda", diz Van Scyoc. "Era como ser casado com outros quatro caras."

Lennon tentava ignorar a pressão que ele e seus novos parceiros deviam sentir por ter de escrever a página seguinte à dos Beatles. Embora fosse evidente para todo mundo que os Elefantes estavam sendo testados como músicos de apoio, Lennon tentava deixá-los à vontade com gozações irreverentes.

"John perguntou se podia se juntar à nossa banda", diz Van Scyoc. "Nós olhávamos uns para os outros, dizendo: 'Cacete! Isso não vai dar certo! Que situação! O que é que a mídia vai dizer?'"

Como se Lennon se importasse com a reação da imprensa às suas decisões – um sujeito que dera uma entrevista coletiva embrulhado num saco junto com a esposa! Mas a outras coisas Lennon dava muita importância – a música, em primeiro lugar. Praticamente o resto todo era onda: os próprios Beatles tinham admitido que seus bordejos pelo cinema eram pura diversão, que seus shows já não passavam de pândegas barulhentas e que as coletivas de imprensa eram pretextos para muita bobeira britânica na tradição dos Goons e do Monty Python. No entanto, poucas bandas levavam tão a sério as sessões de gravação e trabalhavam tão afinadas em seu absoluto respeito pelo produto final.

Poderia acontecer novamente em Nova York? Lennon encarava a nova vida em Manhattan com a mesma mescla de prazer e excitação que tanta gente sente quando se muda para lá. Admirava-se com a mudança de atmosfera quando se ia do Greenwich Village à Times Square e dos cânions de concreto de Wall Street ao Central Park. Assim descreveu a Hendrik Hertzberg, da *New Yorker*, o bairro que via através de seus óculos de aros redondos: "É uma cidadezinha estranha (...) como um povoado galês: tem Jones, o Peixeiro, Jones, o Leiteiro, parece que todo mundo conhece todo mundo." Costumava sair pedalando pelas ruas estreitas do centro da cidade e entrava, sem nenhum espalhafato, nas lojinhas e lugares da moda do Village. Tex Gabriel lembra as horas que passou com Lennon apenas perambulando por Manhattan, às vezes parando para um café da manhã no Pink Teacup, na Grove Street.

"Ele gostava de sair andando pelas ruas, fazia isso muitas vezes", diz Gabriel, "e não costumava ser importunado; de vez em quando alguém pedia um autógrafo, é claro, e ele atendia de bom grado." Quando a atenção era excessiva, exagerada, ele educadamente dizia "Agora chega" e se afastava caminhando – jamais correndo. Lennon era quase sempre afável e compreensivo quando abordado pelos fãs.

Lennon se sentia livre na metrópole, anônimo na multidão. Apesar de recém-chegado, foi um zeloso guia turístico quando John e Leni Sinclair foram visitá-lo e os levou a um restaurante na Rua 91, chamado, simplesmente, Home. Era uma vida que lhe parecia impossível viver em Londres; nos Estados Unidos, porém, ele se convencera – qualquer que fosse a razão – de que poderia desfrutar dos prazeres de uma existência simples.

"É um saco sair na rua e não ter vida própria, ser apenas a fantasia das pessoas que compraram o seu disco", diz John Sinclair. "Lennon queria ser um artista. Não queria mais ser o líder da porra dos Beatles com as garotas se esgoelando; e foi o que fez."

Nova York era, para Lennon, uma vida muito diferente do último período passado na Inglaterra, onde a privacidade de seu lar era permanentemente invadida por fãs que queriam mais do que meras recordações musicais, onde a imprensa se dedicava a atacar sua mulher e onde todas as ruas traziam lembranças dos Beatles que ele queria deixar para trás.

"Em Londres, Lennon tinha gente acampada na porta da sua casa", diz Sinclair. "Meu Deus, que castigo por fazer bons discos."

CAPÍTULO 3

"DROGADO COM RELIGIÃO, SEXO E TV"

"Nós queremos falar de amor, paz, de se comunicar, feminismo, racismo e guerra. Das coisas que estão acontecendo."
– **JOHN LENNON** no *Mike Douglas Show*

JOHN LENNON NÃO estava dando uma de paranoico: embora seus passos vinham sendo monitorados, e não pela vigia onipresente dos fãs que havia muito era uma constante em sua vida.

Uma celebridade como Lennon chamava a atenção, é claro, até nas ruas abarrotadas de Nova York. O apartamento da Bank Street era conhecido na vizinhança e seus ensaios com a Elephant's Memory na Magnagraphics não eram segredo. Nada disso era novidade, nem em Londres nem em Nova York: nas imediações de sua residência e do estúdio de gravação sempre havia gente à espera para arrancar-lhe um simples sorriso, quem sabe até um autógrafo, que ele dava sem se deter.

Mas aquilo era diferente: homens – sempre os mesmos – que não pareciam morar no West Village, parados nos estacionamentos das redondezas. Nas ligações telefônicas, os apurados ouvidos de Lennon, treinados nos estúdios, captavam mais do que apenas estática. O fotógrafo Bob Gruen, uma figura conhecida que se relacionou com John e Yoko por mais de uma década, registrou num livro de fotografias publicado anos mais tarde a mudança da atmosfera local: "Meus vizinhos me diziam que costumavam ver, na Bank Street, homens de capa de chuva e chapéu perguntando aos transeuntes se tinham visto algo suspeito envolvendo John e Yoko."[1]

"Estava claro que a vigilância sobre John e Yoko vinha se intensificando", diz Jay Craven, cujas atividades também eram monitoradas. "Havia uma sensação de perigo", prossegue ele. "O governo queria que eles soubessem que todos os seus movimentos e palavras estavam sendo vigiados. Isso claramente os deixava nervosos."

Craven já estava acostumado. Passara tempo suficiente na companhia de gente como Rennie Davis, Jerry Rubin e outros integrantes do Movimento que o FBI chamava, em documentos que se referiam ao seu envolvimento, de "notórios radicais".

"O FBI sabia de tudo o que estava acontecendo", diz Craven.

Nos relatórios federais, o nome de Lennon começou a aparecer associado a pessoas tidas como ameaças à segurança nacional no começo do ano eleitoral – mais exatamente quando surgiu o plano de fazer a turnê. Um agente do escritório de Nova York relatou, em 4 de janeiro de 1972, que Rubin e o ativista Stewart Albert estavam "em permanente contato com John Lennon em Nova York. Motivos ignorados (possivelmente financeiros)". Um relatório de acompanhamento de 6 de janeiro indicava que o primeiro show poderia acontecer em março daquele ano em New Hampshire e incluiria "John Lennon, dos Beatles".[2]

Craven passou boa parte do mês de janeiro montando a base de operações da turnê em um imóvel que John e Yoko haviam comprado na Hudson Street. Fez várias viagens pela Costa Leste, debaixo de neve, para trazer arquivos e máquinas de escrever do escritório de

"Drogado com religião, sexo e TV"

Washington que ele e Rennie Davis haviam usado nas manifestações anteriores.

Também isto era sabido em Washington: um memorando de 10 de janeiro relatava a mudança de endereço e confirmava que as principais figuras do Movimento estavam juntas em Nova York. Planejava-se um festival, que em seus relatórios os agentes de Nova York preferiram chamar de "comício pela paz" e cuja natureza política despertou preocupações nas esferas mais elevadas da República, na capital. J. Edgar Hoover, diretor do FBI, recebeu em 23 de janeiro um "relatório prioritário" sobre "atividades de protesto e perturbações civis", com cópias para o primeiríssimo escalão da hierarquia nacional: o presidente, o secretário de Estado, a CIA e altas patentes das Forças Armadas.

O resumo de Hoover começava identificando os envolvidos, a chamada Tribo Allamuchy, em referência à localidade do estado de Nova Jersey onde fora firmado o compromisso de Lennon com a turnê. Um dos líderes da tribo era "Rennie Davis, réu no processo dos Sete de Chicago, acompanhado de Stu Alpert e J. Craven", além de John Lennon.

A cunhagem do termo utilizado pelo FBI – "tribo" – para descrever o grupo não foi uma invenção dos envolvidos, como afirmaram Davis e Craven, mas ideia de um agente. E o alegado propósito da tribo era claro: "Dirigir as atividades do Movimento durante o ano eleitoral de modo que culminassem em manifestações por ocasião da Convenção Nacional do Partido Republicano."

O financiamento desses planos também era objeto de preocupação. Um memorando de acompanhamento do escritório do FBI de Nova York se referiu, pela primeira vez, a uma suposta contribuição de John Lennon para a formação da tribo, uma quantia citada em relatórios subsequentes como o "capital inicial" do Centro de

Informações Estratégicas do Ano Eleitoral – por motivos de ordem prática, o mesmo grupo com outro nome.

Os relatórios dos órgãos de informação eram, muitas vezes, exatos, mas, em se tratando de coligir fatos básicos sobre pessoas de grande visibilidade, a investigação demonstrava um alto grau de amadorismo. Um memorando de 2 de fevereiro sobre a mudança de John e Yoko do hotel St. Regis dizia: "Lennon mudou-se, desde então, para endereço ignorado." Ora, nessa data já fazia meses que Lennon se instalara no apartamento da Bank Street, 105; o agente fora incapaz de descobrir o que quase todo o Greenwich Village já sabia. E, para se certificar da identificação, o mesmo memorando solicitava informações adicionais, "incluindo uma foto do investigado". Ou seja, para conseguir uma fotografia de John Lennon em Nova York era necessária a ajuda do QG.

Não era difícil encontrá-lo. Ele participara de uma manifestação, no início de fevereiro, em frente ao escritório nova-iorquino da British Overseas Airways; vários jornais publicaram fotos do casal de punhos erguidos. O protesto, em resposta ao Domingo Sangrento, pedia a retirada das tropas britânicas da Irlanda do Norte. O agente relatou não haver indícios de que Lennon apoiasse a luta do IRA (Exército Republicano Irlandês) pela independência da Grã--Bretanha "por todos os meios necessários".

O fato é que as ligações de Lennon com ativistas políticos – a qualquer título – despertavam considerável interesse: a combinação da história dos líderes radicais com a riqueza e influência de Lennon poderia ser um fator político decisivo nas eleições que se avizinhavam. Um relatório do FBI descrevia as atividades recentes de Lennon, com informes de agentes infiltrados no concerto de Ann Arbor. A quase imediata libertação de John Sinclair foi devidamente assinalada. Em Nova York, Lennon andava na companhia de Rubin, Davis, Craven e outros "líderes da Nova Esquerda", notórios defensores de um "programa para 'apear Nixon do poder'" por meio de uma série de shows de rock: as mesmas pessoas que haviam "ajudado a tumultuar a Convenção Nacional do Partido Democrata de 1968, em Chicago".

Os planos envolvendo os Sete de Chicago – declarados culpados de incitação à desordem – eram classificados como assunto de segurança nacional. Assim, foram enviadas cópias para altos funcionários da área da Defesa, dentre os quais Strom Thurmond, veterano parlamentar da Carolina do Sul que presidia o Comitê do Senado para as Forças Armadas.

"Essa parece ser uma questão relevante", escreveu Thurmond em uma carta secreta de 4 de fevereiro, enviada junto com o relatório a William Timmons, assessor parlamentar do presidente, com cópia para o procurador-geral John Mitchell. Essas manifestações de jovens contra Nixon talvez fizessem efeito – especialmente entre os novos eleitores de 18 a 20 anos – agora que eles tinham "John Lennon como chamariz". Os Sete de Chicago pareciam ter em mãos a possibilidade de utilizar o nome de John Lennon em um show que, com certeza, "despejaria vultosas somas nos cofres da Nova Esquerda".

Thurmond aconselhava que essa informação recebesse a devida atenção "no mais alto nível" e que se fizesse algo a respeito. "Na minha opinião, podemos evitar muitas dores de cabeça tomando a tempo as providências cabíveis."

Como "providência cabível", Thurmond sugeria a solução mais óbvia em face de um estrangeiro indesejado, desde que tomadas algumas precauções: "Se o visto de Lennon expirar, esta seria uma contramedida estratégica. A fonte sugere, no entanto, cautela em face da possibilidade de distanciamento dos eleitores de 18 anos no caso de Lennon ser expulso do país."

A questão que tornava a deportação uma boa "estratégia" não era especificada, mas a referência ao eleitorado de 18 anos – uma incógnita potencialmente decisiva na eleição que se aproxima – sugere claramente que a motivação era a eleição, não a segurança.

A investigação de John Lennon pelo FBI era um caso à parte, raro, senão único, por várias razões: o plano de monitorá-lo e deportá-lo veio de dentro do governo; a alegação era o que ele poderia fazer, não algo que já tivesse feito; e a ameaça não dizia respeito a potenciais ataques contra os Estados Unidos, mas ao emprego do presidente. Hippies e yippies acreditavam que Lennon poderia influenciar a eleição; os políticos no exercício de cargos eletivos também.

Um informe da edição de 11 de fevereiro do *FBI Current Intelligence Analysis*, intitulado "Forma-se um Novo Grupo na 'Nova Esquerda'", descrevia Lennon como mais do que um mero participante no show em prol do Centro de Informações Estratégicas do Ano Eleitoral em campanha contra Nixon: ele era, possivelmente, a sua força motriz: "O dinheiro e a fama de Lennon o colocaram numa posição de considerável influência dentro do EYSIC. Nenhuma sessão importante de planejamento é feita sem a sua presença."

A imagem de John Lennon na capa da pasta era uma simples ilustração, não uma foto. Parece que o FBI ainda não havia conseguido uma fotografia de um dos homens mais fotografados do planeta.

• • •

"Eu venho ensaiando com a Elephant's Memory. Você já ouviu falar deles? É uma banda de Nova York, ótimos músicos. Eu gosto muito deles. E eles sabem tudo o que está rolando. Eu vou tocar com eles no programa do Mike Douglas."
– **JOHN LENNON,** *Rolling Stone*[3]

"Drogado com religião, sexo e TV"

A ELEPHANT'S MEMORY era uma banda bastante conhecida em Nova York. Os frequentadores do centro da cidade estavam acostumados a vê-la citada no *Village Voice* e agitando a plateia no Max's Kansas City. Até o mais jovem de seus membros, Tex Gabriel, já tivera alguma celebridade em Detroit, tocando com Mitch Ryder para um público fiel de admiradores locais. Mas tocar com John Lennon era totalmente diferente.

"Estava acontecendo, mas era bizarro, como se eu estivesse sonhando ou perdido na neblina", diz Gabriel. "Era uma forma de não ficar pensando 'Meu Deus, é John Lennon: eu vou ferrar tudo!' A consciência às vezes nos protege de emoções fortes; quando eu entrava na pilha, ela me colocava em modo surreal. Onde é que tudo aquilo iria dar?"

Especulava-se tanto sobre o futuro musical de Lennon quanto sobre os seus planos políticos. Os Elefantes estavam na incômoda posição de substitutos temporários aos olhos de fãs que preferiam o retorno dos Beatles.

"Um monte de gente perguntava a Lennon quando é que os Beatles voltariam a se reunir", conta Gabriel. "Aí, ele apontava para nós e dizia: 'Esses são os Beatles agora.'"

Mas não era bem assim. A ambição da "Plastic Ono Elephant's Memory Band" não era, de forma alguma, substituir os Fab Four: ninguém — nem mesmo a superbanda liderada por Eric Clapton, que tocara com Lennon em Toronto — seria capaz de fazê-lo; mas ela poderia, sem dúvida, pegar uma carona na cauda do cometa. Os músicos que acompanhavam Bob Dylan, conhecidos simplesmente como The Band, usaram seu tempo atrás de um astro quase tão brilhante quanto os Beatles como plataforma de lançamento de um som e um estilo decididamente próprios. Quem sabe a mesma coisa pudesse acontecer com os veteranos músicos do Village.

"Eu estava na torcida por eles", recorda Bob Prewitt, dono da Magnagraphics. "Eu pensava: 'Caramba, esses caras vão se dar bem' E... se eles se derem bem, eu vou me dar bem também. Lennon manteve a promessa de colocar todos nós no mapa, por assim dizer. Era perfeito."

Mas a banda se preocupava com os riscos de tocar com uma lenda. Stan Bronstein e Rick Frank faziam questão de que os Elefantes não desaparecessem atrás do brilho de Lennon, que por sua vez incentivava o grupo a manter sua identidade.

"Lennon não lhes pedia que o copiassem", diz Prewitt. "Ele queria que os Elefantes conservassem a sua autonomia em todos os sentidos. Queria que fossem eles mesmos."

A proximidade e as horas compartilhadas propiciaram uma relação de camaradagem no terreno em que Lennon se sentia mais confortável: o estúdio de gravação. Uma afinidade especial surgiu entre Lennon, cuja mãe, Julia, morrera atropelada por um motorista embriagado pouco antes de sua primeira gravação, e Gabriel, ainda sob o impacto da recente morte da sua.

"Eles eram unidos por algum tipo de vínculo", diz Van Scyoc. "Tinham muitas coisas em comum – além da óbvia circunstância de serem guitarristas: Tex acabara de perder a mãe. Era algo bastante intenso. Eles passavam horas sentados no chão, frente a frente, pernas cruzadas, tocando e conversando."

Conhecer Lennon foi, para os membros da banda, uma torrente de surpresas. Como toda uma geração, eles tinham sobre Lennon várias ideias preconcebidas que logo descobriram serem falsas ou, pelo menos, distorcidas. Para quem não conhecia o homem, Lennon podia ser um enigma de difícil solução, uma contradição ambulante: era engraçado ou sarcástico? Afável ou ríspido? Generoso ou egoísta?

Lennon, arrogante? Havia essa percepção, uma imagem de pedantismo que provinha da primeira vez dos Beatles nos Estados

Unidos, no Ed Sullivan Show, quando ele apareceu com um risinho maroto de quem sabia algo que mais ninguém sabia. Mas o Lennon que os Elefantes conheceram não era o sujeito convencido que eles imaginavam. Ao contrário, John se mostrava sinceramente acanhado, humilde mesmo, nas primeiras apresentações com suas bandas improvisadas. Mas a perspectiva de outro álbum, de aparições na TV e de uma possível turnê pelo país não o deixavam esquecer o elevado padrão pelo qual a sua música seria julgada.

"Às vezes ele parecia mais nervoso do que nós", diz Gabriel. "Era a primeira vez que ele se associava a um grupo depois dos Beatles, seus chapas; só que agora os parceiros eram uma banda de rua."

Havia também a relação de Lennon com Yoko Ono. Alguns, Beatles inclusive, haviam questionado o seu costume de deixá-la dividir com ele o palco e o estúdio de gravação. Os críticos diziam que quando Yoko estava por perto, Lennon perdia o seu elã musical. Mas não era bem assim. Os Elefantes viam um homem compenetrado em seu trabalho e nem sempre tolerante com distrações, viessem de onde fosse.

Num dos primeiros ensaios, Lennon mostrava ao grupo acordes e arranjos quando Yoko sentou-se ao seu lado ao piano para tocar "Imagine". Passada a introdução, Lennon começou a cantar. Yoko interrompeu para dar um conselho.

Lennon parou e pediu-lhe educadamente que fizesse silêncio. E começou a tocar novamente. Segundos depois, foi novamente interrompido pela esposa.

"Yoko", disse Lennon, "me deixa mostrar a música para eles, tá?".

Começou de novo. E aconteceu o inevitável. Na terceira interrupção, sem alterar o ritmo ou o compasso, Lennon explodiu: "Porra, Yoko, cala a boca!", e cantou a música até o fim.

Os Elefantes descobriram que a vida de Lennon era muito mais complicada do que se podia depreender das revistas e programas de TV. O fim dos Beatles desatara uma série interminável de suposições sobre a relação de Lennon com Paul McCartney, versões que os retratavam ora a ponto de voltar a tocar juntos, ora se esganando, dependendo do dia e do humor.

"Toda semana surgia um boato de que os Beatles iam voltar", diz Gary Van Scyoc. "Não tinha nada a ver. Mas eu não percebia nenhuma animosidade entre John e Paul. As sessões na Record Plant* eram interrompidas sempre que Paul ligava. Eles ficavam horas conversando. No dia seguinte, saía um artigo no jornal dizendo que eles se odiavam."

Embora não esperasse que os Elefantes fossem colaboradores do calibre de McCartney, Lennon sempre lhes pedia sugestões. Gabriel ficava maravilhado quando Lennon perguntava a sua opinião sobre as músicas que estava compondo para *Some Time in New York City*.

"Ele queria mesmo saber o que pensávamos", diz Gabriel. "Era um gênio, mas não esfregava isso na nossa cara. Seu ego estava realmente sob pressão. Na verdade, acho que ele era mais inseguro do que muitas celebridades que conheci."

Lennon queria trabalhar com os músicos sem necessariamente guiá-los e tratava os Elefantes com muito respeito profissional. O que mais surpreendia Gabriel era que ele conseguia deixar os membros da banda totalmente à vontade e o fato de ele próprio, então com 21 anos de idade, sentir-se assim em sua companhia.

"Quando olho para trás, eu vejo como era incrível ficar à vontade com um astro daquela magnitude", conta Gabriel. "Eu estava aprendendo uma melodia e ele perguntava: 'Você gosta?' Eu nunca

---

* Estúdio de gravação criado em 1968 por Gary Kellgren e Chris Stone em Nova York.

senti aquela coisa de 'Eu sou John Lennon, o Beatle, o que é que estou fazendo aqui?' A gente se sentia em casa. Ele fazia a gente se sentir assim."

Lennon curtia esses momentos com o grupo, jam sessions que terminavam em jantares de fim de noite ou no apartamento da Bank Street. Eram momentos de calma e discrição que lhe proporcionavam – ou pelo menos assim ele pensava – uma ilusão de anonimato.

"Era legal não endeusá-lo", conta Prewitt. "Mais legal ainda era encontrá-lo na rua e poder dizer: 'E aí, John! Tudo bem?' De vez em quando havia pessoas esperando do lado de fora do estúdio, mas nunca multidões. Lá, ele se sentia realmente à vontade."

Essa inocência às vezes turvava a visão de Lennon. Certa vez, quando voltava para o centro da cidade, depois de uma sessão de gravação que varou a madrugada, Van Scyoc deu com John e Yoko, sozinhos, numa esquina da 8ª Avenida, tentando pegar um táxi.

"Cara, vocês estão loucos?", gritou ele. "Entrem no carro!" Van Scyoc ficou pasmo de saber que eles não tinham motorista nem noção da fronteira que haviam cruzado: duas celebridades perdidas num bairro habitado, àquela hora, principalmente por "indigentes e prostitutas".

"Mas eles gostavam tanto de Nova York que não viam nada de mais em caminhar sozinhos pela 8ª Avenida à procura de um táxi", diz Van Scyoc. "Achavam que ninguém ia notar, que estavam incógnitos; só que não era bem assim."

• • •

UM ANO ANTES do memorando de Strom Thurmond, em fevereiro, sugerindo a sua deportação, fofocas sobre os Beatles e suspeitas acerca de John Lennon haviam sido soprados no ouvido de Nixon, no Salão Oval da Casa Branca, por ninguém menos do que Elvis Presley, o Rei do Rock and Roll.

A paisagem dos Estados Unidos tinha mudado consideravelmente desde que Elvis entrara para o Exército, em 1958. Nessa época, alguns viram o alistamento do maior nome do pop nacional como uma cínica jogada de marketing patriótico. Foi uma estratégia fracassada, nesse caso: Elvis nunca mais voltou a dominar o topo das paradas de sucesso, como nos tempos da Sun Records. Depois de cumprir o serviço militar, ele passou os anos da Beatlemania fazendo filmes rotineiros, alguns de razoável sucesso, mas a "invasão britânica", a explosão de talentos do rock, o psicodelismo e a passagem do tempo pareciam ter superado o Rei e outros pioneiros da década de 1950. Elvis, como Nixon, retornara em 1968 para uma breve celebração, em roupas de couro, de suas raízes no rock and roll, antes de adentrar um fim de carreira movido a shows de cabaré em macacões de lantejoulas a refletir o neon de Las Vegas.

Elvis desenvolvera um especial apreço pelo cumprimento da lei e tinha, dentre outros hobbies, o hábito de colecionar armas, distintivos e títulos honorários de agências policiais. Sinceramente preocupado com o país, em dezembro de 1970 ele se dirigiu ao presidente dos Estados Unidos para oferecer ajuda.[4]

Durante um voo em que compartilhara a primeira classe com o senador George Murphy (republicano da Califórnia e veterano do show business com participação em musicais como *Idílio em dó-ré-mi*),★ Elvis enviou uma carta a Richard Nixon. Dizendo que o país enfrentava inimigos internos – elementos dissidentes que lhe confiavam informações relevantes fora do alcance dos investigadores convencionais – e ofereceu-se para ser o mais famoso espião desde que Marlene Dietrich trabalhara em favor dos Aliados:

★ *For Me and My Gal* (1942), direção de Busby Berkeley.

"A cultura da droga, os elementos hippies, a SDS, os Panteras Negras etc. não me consideram inimigos seus ou do sistema, como eles dizem. Eu digo *America*. E a adoro. Senhor, eu posso e estou à disposição para ajudar o meu país no que for possível."

Elvis pediu para ser designado Agente Federal Itinerante. Queria, é claro, um distintivo, mas não um "título ou cargo" formal. Com trágica e inadvertida ironia, disse que falava sobre a questão com autoridade: "Estudei profundamente o uso de drogas e as técnicas comunistas de lavagem cerebral e estou bem no meio da coisa toda, de modo que posso ser e serei, sem dúvida, muito útil."

Uma reunião foi então marcada para a manhã de 21 de dezembro, no Salão Oval da Casa Branca. A título de preparação, o secretário-adjunto da Presidência Dwight Chapin disse ao chefe de gabinete H. R. Haldeman que as credenciais de Presley incluíam uma recente premiação da Câmara de Comércio Júnior (Jaycees): "Presley foi eleito um dos dez jovens de maior destaque por seu trabalho no campo das drogas."

O encontro histórico começou com uma sessão de fotos que, décadas mais tarde, figuram entre as mais requisitadas da considerável coleção do Arquivo de Segurança Nacional: vestindo um capote de veludo de botões metálicos sobre a túnica negra, camisa branca de golas imensas e um vistoso cinturão, um Elvis de olhar mais vidrado do que sedutoramente sonolento aperta a mão do presidente visivelmente contrafeito.

O encontro Nixon-Elvis foi resumido num memorando, "Para o Arquivo da Presidência", escrito pelo procurador Egil "Bud" Krogh, o homem de ligação de Nixon com o FBI e o Departamento de Narcóticos e Drogas Perigosas. O primeiro parágrafo descreve as trivialidades introdutórias. Presley disse estar se apresentando em Nevada.

"O presidente indicou que sabia da dificuldade de atuar em Las Vegas", observa Krogh. Um erudito, o Nixon.

No segundo parágrafo, o presidente expressa a sua expectativa de que Presley o ajude a atingir os jovens, e ele diz que já faz isso cantando. Ambos concordam que Elvis deve conservar a sua credibilidade junto à juventude dos Estados Unidos.

Em seguida, discutem os Beatles. O terceiro parágrafo contorna a questão das tendências paranoicas de Elvis: "Presley disse achar que os Beatles haviam contribuído intensamente para a formação do sentimento antiamericano; vindo ao país, ganhado dinheiro e retornado à Inglaterra promovendo o antiamericanismo. Expressando surpresa, o presidente assentiu com a cabeça."

O presidente cachaceiro e o cantor hipocondríaco passaram, então, ao tema dos inimigos internos. "O presidente indicou que os usuários de drogas são também a vanguarda dos protestos antiamericanos", escreve Krogh, reproduzindo a filosofia da Casa Branca de que a oposição à guerra era impatriótica. "A violência, as drogas, o dissenso, os protestos – tudo isso parece provir de um mesmo grupo de jovens."

Com base no relatório e nas fotos, houve quem se perguntasse se Elvis estava, na época, sob influência de remédios. Krogh faz várias referências ao seu estado emocional: ele declarou enfaticamente ao presidente estar "do seu lado", dizendo-se, humildemente, "apenas um garoto pobre do Tennessee" abençoado pelos Estados Unidos e ávido para retribuir o favor. No fim do encontro, Elvis reiterou seu apoio a Nixon e, "então, num gesto surpreendente e espontâneo, pôs o braço esquerdo ao redor dos ombros do presidente e o abraçou".

Esse gesto é – simbólica e literalmente – um dos momentos mais inusitados da história do Salão Oval. Trocaram-se presentes

– um falso distintivo do Departamento de Narcóticos e Drogas Perigosas para Elvis e uma pistola Colt .45, comemorativa da época da Segunda Guerra Mundial, para o arsenal de Nixon ("num magnífico estojo de madeira", segundo a nota de agradecimento). Mas o lendário encontro foi inconclusivo. Elvis continuou a labutar nos palcos de Las Vegas e não há indício de que tenha feito qualquer movimento para se infiltrar entre os hippies, na SDS ou no Partido dos Panteras Negras.

Gente bem informada garante que Nixon era sincero em seu afã de se comunicar com os jovens, de buscar um terreno comum com aqueles que o abominavam tão ativamente. Um de seus esforços para vencer o abismo geracional foi uma aparição de cinco segundos no programa humorístico *Laugh-In*,★ durante a campanha de 1968, proferindo o bordão "*Sock it to me*"★★ como pergunta, mais do que como convite. Não era nenhum segredo que Nixon ficava incomodado em situações sociais.

"Ele era inábil no trato com as pessoas", diz Joseph Blatchford, diretor do Peace Corps★★★ nomeado por Nixon. Blatchford recorda os métodos inusitados do presidente para se comunicar com os jovens, como a sua ida ao Lincoln Memorial, no início da manhã, para conversar com manifestantes que haviam afluído à capital em protesto contra o massacre de Kent State.★★★★ Acompanhado por

---

★ *Rowan & Martin's Laugh-In*, ou simplesmente *Laugh-In*, era um programa humorístico da NBC que foi ao ar de janeiro de 1968 a março de 1973.
★★ "Conte-me tudo."
★★★ Programa de voluntariado criado pelo presidente John Kennedy, em 1961, com a finalidade estabelecida em lei de "promover a paz e a amizade mundiais [colocando] à disposição dos países e regiões interessados norte-americanos qualificados, treinados e dispostos a ajudar as pessoas, em condições difíceis, se necessário".
★★★★ Incidente ocorrido na Universidade de Kent State, estado de Ohio, em 4 de maio de 1970, em que quatro estudantes foram mortos e nove feridos a tiros pela Guarda Nacional de Ohio quando protestavam contra a invasão do Camboja, ordenada por Nixon em 30 de abril.

um único assessor, Nixon subiu as escadas do memorial e assombrou os hippies, subitamente despertados para uma audiência privada com o presidente dos Estados Unidos.

"Foi bizarro o que ele fez", diz Blatchford, especialmente numa época em que a Casa Branca se preparara para mudança de regime nas prisões (confinamento total dos detentos em suas celas) caso as manifestações pós-Kent State ficassem fora de controle. "Nixon, aflito, tentou entabular uma conversa com eles." Esteve a ponto de perguntar aos jovens quais eram suas matérias favoritas na escola, falando, dentre outras coisas, de futebol e surfe. Viajar, o presidente os aconselhou, era uma boa maneira de ampliar os horizontes.

Para Blatchford, as viagens internacionais eram uma questão delicada. Ele fora advertido de que os voluntários do Peace Corps não deveriam perambular pelo mundo a falar mal do presidente e da política externa dos Estados Unidos. "A Guerra do Vietnã dividiu seriamente o país", diz ele. O Peace Corps atraía, principalmente, jovens idealistas recém-saídos das universidades. "Eles tinham dúvidas: queriam atender ao chamado de Kennedy para servir no estrangeiro, mas provinham de campi onde todos diziam: não vá, fique no país para lutar contra Nixon e contra a guerra."

Apesar dessa aparente divisão e do fato de Nixon ser visto como o grande inimigo, Blatchford conta que o presidente tinha um fraco mal expresso pela nova geração que às vezes aflorava. "Eu fiquei surpreso quando ele me disse ser a favor do voto aos 18 anos", diz Blatchford. "Tentei incentivá-lo a seguir essa linha. No governo, muitos alertavam que isso lhe custaria a eleição de 1972. Ele dizia: 'Não importa, eu acho que eles devem votar.'"

De acordo com Blatchford, Nixon apoiava o Peace Corps e sua missão; outros teriam preferido encerrar o programa depois da morte de Kennedy. Um dos grandes problemas em pauta era o dos voluntários que participavam das manifestações contra a guerra. Mesmo sob considerável pressão, Blatchford manteve-se admiravelmente firme.

"Eu tive alguns problemas com a Casa Branca, alguns bem desagradáveis", recorda Blatchford. "Estranhamente, quem mais me apoiou foi o próprio Nixon. O vice-presidente Agnew estava aborrecido, queria que eu desligasse aquelas pessoas."

Por defender a neutralidade do Peace Corps, Blatchford encontrou resistência de ambos os lados. A agência passara a fazer parte do governo depois de Kennedy, o que a tornou vulnerável à política.

"Nixon enxergava a questão de forma positiva, mas alguns de seus assessores nem tanto. Eles queriam perseguir os garotos de cabelo comprido. A coisa era tensa."

O comprimento do cabelo, uma moda atribuída aos roqueiros em geral e a certas bandas em particular, era um autêntico barômetro nos conflitos daquela década. Blatchford era estudante de Direito em Berkeley no começo da década de 1960 quando fundou o grupo de ação global Accion. Ele conheceu Londres justo na época em que "os tempos começaram a mudar".

"Eu nunca tinha visto [nem ouvido falar de] homens de cabelo comprido, salvo na época de Shakespeare", diz Blatchford. "Mas as ruas de Londres estavam cheias deles, com casacos engraçados, imitando os Beatles. Foi a primeira vez que eu vi a mensagem antissistema dos jovens, antes dela aparecer em nosso país e antes da Guerra do Vietnã se tornar uma grande questão."

A guerra no Sudeste Asiático era, em 1972, o mais importante sintoma de uma enfermidade nacional. A confusão na capital refletia o clima de incerteza que tomara conta do país, incluindo, na opinião de Blatchford, os jornalistas e os ativistas.

"Havia na sociedade um afã, atiçado pela mídia, de lutar por algo", diz Blatchford. "Era difícil saber quem eram os perigosos e os criminosos, os santos e os líderes espirituais. Era uma época muito confusa."

Tal como na política, a confusão propicia associações estranhas. Para Blatchford, pessoas bem-intencionadas podem ter entrado "de gaiato" em certas situações. Ninguém, incluindo John Lennon e Elvis Presley, tinha ideias claras sobre os Panteras Negras, percebidos por muitos como uma ameaça militante.

"Muita gente ingênua se envolveu com personagens bastante perigosos", relata Blatchford. "Eu lembro que Leonard Bernstein arrecadou dinheiro para os Panteras Negras. Era a época da libertação da mulheres e dos negros, da questão racial; e havia ainda a voz de Martin Luther King."

Em fevereiro de 1972, o próprio Blatchford esteve lado a lado com Bobby Seale, um dos fundadores do Partido dos Panteras Negras, numa situação totalmente inesperada.

"Mike Douglas encarregou Lennon de comandar o programa durante uma semana", diz Blatchford. "E Lennon me convidou para ir lá, falar de voluntarismo e temas afins."

• • •

PARA MIKE DOUGLAS, os dias em que colaborou com Lennon foram memoráveis por muitas razões. Ele descreveu aquela semana como "uma das mais interessantes e complicadas mas no fim das contas compensadoras, que jamais produzimos".

Acrescentem a essa descrição os qualificativos "inusitadas" e "sem precedentes". Ter John e Yoko como coapresentadores por cinco sessões de uma hora em seu programa de entrevistas e variedades foi, obviamente, um lance magistral em termos de show business e audiência. Em suas memórias, *I'll Be Right Back*, Douglas diz que os Beatles eram "os convidados mais requisitados do mundo do entretenimento", oportunidade que ele estava "decidido a não perder".[5] As indispensáveis concessões aos caprichos dos apresentadores convidados eram, para ele, um pequeno preço a pagar.

Douglas costumava oferecer aos seus coapresentadores semanais a oportunidade de escolher seus convidados, "mas nunca como fizemos com John e Yoko".

Lennon tinha alguns convidados em mente, nomes mais típicos dos noticiários noturnos do que dos programas de entrevistas vespertinos – cujos telespectadores não esperavam nada além de comediantes "família", baladas inofensivas e demonstrações culinárias. Douglas, um ex-cantor de orquestra que dublara o Príncipe Encantado em *Cinderela*, classificou suas modestas ambições de "um modo agradável de passar parte da tarde assistindo a televisão e vendendo sabonetes". (Falsa modéstia do simpático Douglas, um discreto defensor dos direitos civis que, no começo da década de 1960, trouxe ao seu palco mais líderes negros do que qualquer outro programa nacional de TV: um memorando da emissora chegou a censurá-lo pelo "excesso de ativistas do Movimento Negro inapropriados à nossa audiência diurna", a que ele respondeu convidando Stokely Carmichael, o "primeiro-ministro honorário" do Partido dos Panteras Negras, nascido em Trinidad e Tobago e principal responsável por popularizar o termo *black power*.)

É verdade que Carmichael não estivera recentemente preso nem organizando distúrbios, como era o caso de Rubin e Seale, dois nomes da lista de convidados elaborada por John e Yoko. A ampla gama de interesses e as amizades recentes de Lennon faziam de sua lista um variadíssimo elenco de pessoas do mundo do entretenimento e da política. Alguns nomes não vingaram – Lennon quis trazer ao programa o secretário de Estado Henry Kissinger e o comediante Groucho Marx –, mas mesmo assim o grupo de convidados assegurou uma semana histórica na TV norte-americana:

de Washington vieram Joseph Blatchford, do Peace Corps, e Ralph Nader, defensor dos direitos dos consumidores cujo libelo contra a indústria automobilística, *Unsafe at Any Speed*, de 1965, inaugurou uma nova era de atenção para com a segurança dos produtos; a comédia ficou a cargo de George Carlin, que trocara recentemente o gênero "paletó e gravata" pelo cabelo comprido e a crítica social; o ecletismo da programação prosseguiu com a arte de Yoko Ono, um advogado dedicado aos direitos civis, um especialista em comida macrobiótica e convidados mais convencionais, como o veterano humorista da TV Louis Nye.

As negociações em torno da lista de convidados proporcionaram aos membros da Elephant's Memory a sua primeira experiência concreta com o tamanho da influência de Lennon.

"O fato de Mike Douglas estar disposto a tudo para ter John Lennon em seu programa foi um atestado de quem era ele como ícone da música", diz Adam Ippolito. "Houve grandes debates sobre alguns convidados antes de começarem as gravações; até Eldridge Cleaver* estava na lista, se não me falha a memória."

"Essas pessoas foram uma condição imposta por Lennon", diz Tex Gabriel. "Eu não consigo ver Mike Douglas trazendo Bobby Seale de moto próprio."

John e Yoko, por sua vez, achavam que alguns convidados convencionais lhes haviam sido impostos. Numa carta ao amigo Pete Bennett, relações-públicas da Apple Records, Lennon desabafou: "Eu não sei se você está a par dos problemas que tenho tido com os produtores do programa de Mike Douglas. Eles ficam tentando empurrar 'convidados surpresa' para cima da gente e é difícil controlá-los. Não estou vendo muita chance de levar você ao programa

---

* Eldridge Cleaver (1935-98) foi um dos primeiros líderes do Partido dos Panteras Negras, autor da coletânea de ensaios *Soul on Ice*.

"Drogado com religião, sexo e TV"

– só conseguimos garantir as pessoas que propusemos originalmente! Eles nos embarreiram a cada passo!"[6]

Musicalmente, o programa apresentou a Elephant's Memory em seu novo papel de banda de apoio de Lennon. O *Daily News* destacou a recente promoção do grupo "depois de uma longa e louca existência no cenário underground que jamais havia ascendido ao *overground*".[7]

A expectativa era enorme: os músicos dividiriam um palco nacional com um Beatle e Rubin se deleitava com a transformação de um programa de entrevistas em um fórum yippie. Douglas recorda os frenéticos preparativos, dele e da sua equipe na Filadélfia, para uma semana que "atraiu mais interesse de grupos totalmente díspares do que qualquer outro programa em nossa história". Os executivos da Westinghouse – a patrocinadora – visitaram um estúdio que fazia anos eles não viam; parentes de Douglas e membros da equipe decidiram, de súbito, que deviam uma visita à Filadélfia.

Douglas estava ciente da "presença diária, na plateia, de pelo menos meia dúzia de homens conservadoramente vestidos" que mais tarde se confirmou serem agentes do FBI enviados "para ficar de olho no Beatle suspeitosamente radical".

• • •

O MIKE DOUGLAS SHOW sempre começava com uma música, um critério bastante apropriado ao coapresentador. No caso de Lennon, Douglas abriu o programa da segunda-feira 14 de fevereiro com uma escolha bem-intencionada, mas infeliz.

Com o palco montado e o elenco a postos, o apresentador saudou, microfone em punho, a plateia presente no estúdio e os telespectadores de todo o país com o primeiro número musical do dia.

"Eu estava nos bastidores, ao lado de John", diz Gary Van Scyoc. "O programa começa e, de repente, ouvimos Mike Douglas cantando 'Michelle'."

Douglas e a produção não sabiam que o crédito "Lennon e McCartney" nas composições dos Beatles era muitas vezes enganoso: muitas delas eram criações individuais, como "In My Life" e "Strawberry Fields Forever", de Lennon, e "Yesterday" e "Michelle", de McCartney. A melodia de café-concerto, a letra afrancesada e o refrão melodioso de "Michelle" eram puro Paul McCartney e, não necessariamente, dos favoritos de Lennon.

Ele balançou a cabeça. "Puta merda!",* vituperou, carrancudo.

"Uma sombra passou pelo seu rosto", diz Van Scyoc. "Ele ficou perplexo. Não bastassem os nervos à flor da pele por se apresentar na TV para milhões de pessoas, Mike o introduz com uma música de Paul McCartney. Péssima forma de começar a semana."

A plateia – lotada de amigos de amigos, fãs dos Beatles e agentes do FBI, sem falar dos milhões de donas de casa em seus lares – não fazia ideia dos impropérios que Lennon cuspira antes de entrar no palco. Mas, sempre profissional, agradeceu educadamente a apresentação de Douglas, que podia ter piorado ainda mais as coisas ao atribuir a composição a Lennon.

Sob aplausos, John e Yoko entraram, sorriram e cumprimentaram Douglas. Depois que todos se acomodaram em seus assentos – uma estrutura em semicírculo, no centro do palco, com um microfone para cada convidado –, Lennon informou educadamente a verdadeira autoria de "Michelle", admitindo, para que Douglas se sentisse melhor, que ajudara a escrever parte da canção.[8]

---

* No original, *Fuckingn' hell!*

Feitas as apresentações, Lennon deu uma declaração simples mas abrangente, que seria a tônica da semana: "Nós queremos falar de amor, paz, de se comunicar, feminismo, racismo e guerra. Das coisas que estão acontecendo."

Um dos convidados do primeiro dia era Ralph Nader, apresentado por Lennon como "um cara que dá o exemplo, que põe a mão na massa". Quando indagado por Lennon se tinha alguma pretensão política, Nader disse que "jamais" teria interesse em concorrer à Presidência, a despeito de Lennon ter-lhe oferecido seus préstimos como ministro da Música.

A hora passou sem percalços. Chambers Brothers e Louis Nye se apresentaram, John e Yoko cantaram "It's So Hard" e Yoko expôs duas obras de arte interativas com títulos autoexplicativos: *Mending a Broken Teacup* e *Reach out and Touch Someone in the Audience*.★ Desarmado em relação aos temas e às entrevistas do primeiro dia, Douglas achou que o programa correra perfeitamente bem.

A expectativa em relação ao dia seguinte não era, no entanto, a mesma, com uma lista de convidados que incluía um sujeito por ele mesmo descrito como "um anarquista impenitente".

Douglas expôs suas reservas antes de Jerry Rubin entrar no palco: "Eu tenho sentimentos bastante negativos a respeito desse jovem. Mas John fez questão de trazê-lo ao programa."

Diplomático como sempre, Lennon apresentou Rubin dizendo compreender a fama dos Sete de Chicago e dos líderes radicais do Movimento; também se perguntara se eles não seriam um bando de "porras-loucas incendiários".

"Quando conheci Jerry Rubin, fiquei horrorizado", disse. Mas Lennon tinha um fraco por pessoas desconstruídas pela imprensa, situação que já ocorrera com ele mesmo algumas vezes: "Nós

---

★ *Como colar uma xícara quebrada* e *Estenda a mão para tocar alguém na plateia*.

achamos que devemos dar-lhes a oportunidade de dizer o que pensam agora, não o que pensavam dois ou três anos atrás, e quais são as suas expectativas em relação ao futuro. Eles representam, de fato, uma parcela dos jovens e eu acho que é hora de falarem por si mesmos."

Confirmando os piores temores de Douglas, Rubin fez exatamente isso lançando-se numa violenta arenga contra o presidente Nixon, a quem acusou de criar uma guerra automatizada "em que máquinas matam pessoas", e dizendo que a mentalidade de suas tropas de assalto fora evidenciada nos massacres de Attica e Kent State.

Lennon pediu a Rubin que falasse do Movimento e da sua situação atual. O convidado dissera que a causa era mais necessária do que nunca "porque a repressão é tão pesada que quem se dispuser a fazer alguma coisa pode ser detido, encarcerado e até morto".

Douglas o interrompeu: "Este é o único país do mundo em que uma pessoa pode dizer essas coisas na TV."

Rubin argumentou que ele próprio fora preso por falar o que pensa, por dizer as duras verdades que precisavam ser ditas. Douglas propôs, então, um tema que fora acertado antes do início do programa e sobre o qual esperava lançar uma luz mais positiva. Revelou ter ouvido falar que Rubin mudara de posição a respeito das drogas – que agora era contra.

"Não é verdade", respondeu Rubin, fazendo caretas para as câmeras e a plateia. "Não sou contra as drogas. Só a heroína." Para Jerry Rubin, a heroína era um instrumento da polícia para controlar as minorias.

"Ele me deu nos nervos", confessou Douglas mais tarde, frustrado com a previsível diatribe antigovernamental de Rubin.

Lennon conduziu a conversa para a eleição e a necessidade de incentivar os novos eleitores de 18 anos a se registrarem e

"Drogado com religião, sexo e TV"

participarem. Rubin, naturalmente, disse que a única coisa a fazer na eleição era tirar Nixon do poder e que os jovens deviam votar em bloco.

Depois de um comercial, Rubin conclamou os jovens a comparecer às convenções democrata e republicana "para manifestar a sua presença de maneira não violenta".

"De maneira não violenta", Lennon fez questão de repetir, embora Rubin não tenha resistido a explicar por que a não violência era a única atitude sensata.

"Porque se fizermos de outro modo seremos mortos", disse Rubin. "É neste tipo de país que vivemos."

A plateia, que não pensava assim, reagiu com vaias, assobios e gracinhas; o clima ficou tenso. Lennon tentou baixar o tom como na conversa com David Frost sobre Attica. "Todos têm direito à opinião", ressaltou Lennon. "Somos todos responsáveis por tudo o que está acontecendo."

Em retrospecto, Douglas disse ter visto ali o surgimento de um pacificador. "John vestiu a roupa de Anfitrião Gentil e Delicado e se saiu muito bem, reinterpretando os comentários de Jerry de maneira a tirar um pouco da veemência e usando o humor para aliviar o ambiente."[9]

A entrevista de Rubin fez o seu percurso, um exercício de retórica com poucos pontos de vista trocados e alguns confirmados. Os agentes do FBI na plateia seguramente o classificaram como um homem focado na derrota do presidente.

Política à parte, o grande momento pessoal de Lennon na semana foi quando, na quarta-feira, o ex-Beatle tocou com Chuck Berry, um dos pioneiros do rock and roll.

"John foi ao paraíso", diz Gabriel. "Ele nunca havia tocado com Chuck Berry; ficou maravilhado do mesmo jeito que todo mundo ficava com ele."

Lennon e os Elefantes tocaram duas músicas junto com Berry: "Johnny B. Goode", uma das que fizeram da guitarra o instrumento padrão do rock and roll, e "Memphis". Berry, como Lennon, era teimoso e desafiador à sua maneira. Van Scyoc diz que tiveram de fazer ajustes porque Berry começou a música num tom diferente do ensaiado.

"Ele começou a cantar em seu tom, mesmo depois de termos combinado que tocaríamos em outro", diz Van Scyoc. "John não ficou nem um pouco satisfeito. O olhar que ele me lançou quando começamos disse tudo. Estávamos em pânico, começando no tom errado ao vivo e em rede nacional. Mas acho que fizemos um bom trabalho; John é que precisou forçar um pouco a voz."

Em "Memphis", foi a vez de Chuck Berry ser pego de surpresa. A primeira parte da música saiu redonda. Mas o refrão veio acompanhado das vocalizações singularmente estridentes de Yoko. Berry arregalou os olhos, mas, macaco velho, assimilou o golpe e seguiu em frente, imperturbável.

A expressão de felicidade de Lennon num close da dupla dividindo o microfone resume a experiência. Numa semana dedicada ao radicalismo político, foi naqueles poucos minutos que o coração de Lennon se deixou, verdadeiramente, arrebatar. Douglas revelou mais tarde que ele, sorrindo de orelha a orelha, confidenciou-lhe que tocar com Chuck Berry, independentemente de qualquer coisa, "valeu o esforço todo, hein?".

Mas as maiores apreensões da semana tinham como foco o quarto programa, em que as donas de casa seriam apresentadas a um Pantera Negra. Douglas, que não era nenhum estranho ao movimento dos direitos civis, admitiu que sua audiência talvez não estivesse preparada para certos convidados.

"Depois da penosa experiência com Jerry Rubin, eu só pensava em como ia ser com Bobby Seale", disse Douglas. "O público via os

Panteras Negras como militantes movidos pelo ódio aos brancos e armados até os dentes. Era o modo mais seguro de eu me indispor irreparavelmente com o núcleo da minha audiência."

De um homem que se referia aos policiais como "porcos" e usava a expressão "em pé contra o muro"* para despertar a ira militante, Douglas esperava, no mínimo, uma atitude provocativa. Mas, para sua surpresa, o que ouviu foi a descrição de campanhas de doações de roupas, de programas de café da manhã para estudantes do centro da cidade e outras formas de ativismo comunitário.

Lennon disse que, quando conheceu o líder dos Panteras, ficou surpreso com tudo o que aprendeu.

"Ele tinha muito a dizer", explicou. "Ele faz muitas coisas que não têm nada a ver com o que leio nos jornais a seu respeito: a Fundação, as campanhas de alimentos, os programas de educação... Aí nós pensamos: é isso aí, vamos mostrar esse lado dessas pessoas."

Seale discutiu o programa de dez pontos dos Panteras, uma doutrina polêmica, mas dotada de uma filosofia de fortalecimento do poder e da responsabilidade no plano local.

Douglas admitiu prontamente a sua surpresa e satisfação: "Tudo o que eu posso dizer é: Deus abençoe Bobby Seale. Não vi sinal do rancor que eu esperava." Douglas parabenizou Seale pelos programas de coleta de sapatos para os necessitados e exibiu filmes dos Panteras doando sacolas de gêneros alimentícios. O que se disse pareceu menos importante do que a forma como foi apresentado – com civilidade e autêntica paixão.

Ao final da série semanal, Douglas concluiu que "as dores de cabeça haviam sido menores" e que sua admiração por Lennon, o homem, se erguera à altura do respeito que tinha pelo músico. "Ele era inteligente, engraçado, agregador e fascinante", revelou.

---

* *Up against the wall.*

"Era tão bom ouvinte quanto orador, movido por uma autêntica compaixão pelas pessoas e respeito para com outras filosofias."

E, de quebra, Douglas teve um vislumbre do que ainda era, para alguns, o maior dos mistérios: "Eu passei a entender um pouco do afeto de Lennon por essa mulher", disse sobre Yoko Ono. "Ela era estranha, difícil às vezes, mas uma personalidade poderosa."

Ao longo da semana, Yoko exibira a sua música e a sua arte, como os telefonemas para números aleatórios para dizer "Nós te amamos" a quem atendesse e uma caixa revestida de espelhos – "desconcertante", nas palavras de Douglas – para as pessoas segurarem e rirem de si mesmas: "colecionar sorrisos" era o conceito. Yoko passou a caixa pelo público para que todos experimentassem.

"John virou-se para mim e disse: 'Vivo com ela e ainda não vi muitas dessas coisas'", recordou Douglas. "Não dava para não gostar do cara."

Mas de Yoko nem todos gostavam. Muita gente que adorava John, incluindo fãs e colegas de profissão, fazia dela o bode expiatório da ruptura dos Beatles e das performances aparentemente bizarras de Lennon, como os *bed-ins* e o *bagism*. Ela era um alvo fácil para os críticos e os membros da banda sabiam que havia até quem se aproveitasse disso. Nos ensaios, a voz de Yoko gerava risadas e comentários cruéis do pessoal de apoio.

"Ela chorava durante os ensaios", diz Ippolito, "e era preciso botar panos quentes."

Yoko mantinha a atitude profissional mesmo quando – reza a lenda – os técnicos desligavam o seu microfone em algum trecho musical. Ippolito achava que Lennon, como músico, talvez lhe desse o benefício da dúvida, uma dessas coisas que se faz por amor.

"John sabia como era a voz dela", diz Ippolito. "Mas eles eram parceiros na luta pela liberdade de expressão e de manifestação artística e Yoko tinha a sua mística."

Bem-vindos aos Estados Unidos: John Lennon e Yoko Ono com seu amigo, o apresentador do *Dick Cavett Show*, em setembro de 1971.
(Ann Limongello, Getty Images)

Bastidores do *Dick Cavett Show* em setembro de 1971.
John mostra uma camiseta enquanto Cavett conversa com Yoko.
(Getty Images)

(*Direita*) John e Yoko se apresentam no Comício pela Liberdade de
John Sinclair, em dezembro de 1971, na Crisler Arena de Ann Arbor,
apoiados por músicos da banda Lower East Side, de David Peel.
(Getty Images)

Cartaz comemorativo reimpresso depois do Comício pela Liberdade de John Sinclair na Crisler Arena de Ann Arbor. Os nomes dos convidados surpresa Stevie Wonder e o herói local Bob Seger não aparecem no original de 1971.

(*Esquerda*) Rennie Davis, líder da Nova Esquerda, junta-se a John e Yoko numa entrevista coletiva informal no tribunal, em fevereiro de 1972, sobre as ordens de deportação.
(Leni Sinclair)

John orienta o guitarrista Wayne "Tex" Gabriel, enquanto o tecladista Adam Ippolito (*ao fundo*) se prepara para uma sessão de gravação de *Some Time in New York City*, na Record Plant, no começo de 1972.
(Mike Jahn)

(*Esquerda*) John e os Elefantes durante uma sessão de gravação de *Some Time in New York City*, em 1972, na Record Plant.
(Mike Jahn)

O baixista Gary Van Scyoc improvisa com John durante uma sessão de gravação de *Some Time in New York City*, em 1972, na Record Plant. (Mike Jahn)

A realeza do rock se apresenta para o público do *Mike Douglas Show* em fevereiro de 1972. John e Yoko compartilham o palco com Chuck Berry e uma banda que incluía o saxofonista Stan Bronstein, fundador da Elephant's Memory, e o líder yippie Jerry Rubin nos bongôs.
(Corbis)

(*Página seguinte, esquerda*) Os membros da banda observam o vínculo criado entre John e o guitarrista Wayne "Tex" Gabriel, que passavam "horas sentados no chão com as pernas cruzadas" durante as sessões de gravação.
(Bob Gruen)

(*Página seguinte, direita*) A presença de John em Nova York atraía muitos convidados famosos ao estúdio; na foto, uma sessão de improviso com Mick Jagger e Wayne "Tex" Gabriel.
(Bob Gruen)

(*Esquerda* e *acima*) John e Yoko reúnem uma multidão num protesto em frente ao escritório da British Overseas Airways, em Nova York, em fevereiro de 1972. A manifestação pedia a retirada das tropas britânicas da Irlanda depois dos distúrbios do "Domingo Sangrento".
(AP/Ron Frehm)

Yoko faz o sinal da paz enquanto John responde aos repórteres após uma audiência do Departamento de Imigração e Naturalização, em maio de 1972.
(Corbis)

(*Direita*) A "nova banda" de Lennon no álbum *Some Time in New York City*, de junho de 1972. Da esquerda para a direita: Gary Van Scyoc, John, Yoko, Wayne "Tex" Gabriel, Rick Frank, Adam Ippolito e Stan Bronstein.
(Bob Gruen)

(*Página seguinte*) Gary Van Scyoc, Wayne "Tex" Gabriel, Rick Frank e John Lennon durante os ensaios para o concerto One-to-One, de agosto de 1972.
(Bob Gruen)

One-to-One: John cantando "Mother"
no Madison Square Garden em agosto de 1972.
(Corbis)

(*Página anterior*) A presença de John, Yoko e a Elephant's Memory
no *Dick Cavett Show* em maio de 1972 despertou considerável atenção
por causa da apresentação de "Woman Is the Nigger of the World".
(Bob Gruen)

(*Direita*) Yoko canta acompanhada por John e
os Elefantes no Madison Square Garden.
(Bob Gruen)

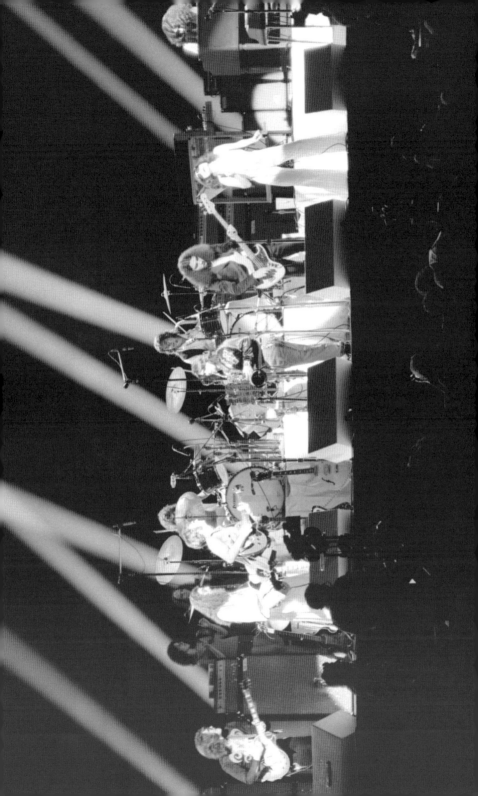

O advogado Leon Wildes com John e Yoko em abril de 1973,
por ocasião da apresentação de "Nutopia", país imaginário
que tinha os Lennon como embaixadores em busca
de imunidade diplomática.
(Corbis)

John, de cabelo raspado, e Yoko durante as audiências de Watergate em junho de 1973. Os Lennon foram convidados pelo senador democratra Sam Erwin.
(Corbis)

Dentre as celebridades vistas na Record Plant estiveram o bailarino Rudolf Nureyev e o amigo repórter Geraldo Rivera, líder do concerto One-to-One no Madison Square Garden.
(Bob Gruen)

(*Esquerda*) Preparados para o show: no primeiro – e único – concerto solo de Lennon, em agosto de 1972, outros músicos se juntaram à Plastic Ono Elephant's Memory Band visando adequá-la à arena do Madison Square Garden. Da esquerda para a direita: os baixistas John Ward e Gary Van Scyoc, Wayne "Tex" Gabriel, os bateristas Jim Keltner e Rick Frank, Adam Ippolito e Stan Bronstein, além de Phil Spector, produtor do álbum *Some Time in New York City*, apoiado à frente de John e Yoko.
(Bob Gruen)

(*Página seguinte*) John mostra seu tão aguardado Green Card, emitido em julho de 1976.
(Bob Gruen)

Yoko Ono era uma mulher misteriosa, impressão que pode ter marcado Joseph Blatchford depois de tê-la conhecido no programa. Blatchford nada sabia sobre a política de Lennon, a quem conhecia principalmente por sua arte. "Quase tudo o que eu sabia sobre ele era como integrante dos Beatles", diz Blatchford. "Até o programa."

Lennon entrevistou Blatchford sobre a questão do voluntarismo. Mas os telespectadores não puderam assistir ao diálogo de Blatchford com Yoko durante um intervalo comercial. Blatchford se lembra de Yoko ter pegado discretamente a sua mão de um modo amistoso e educado.

"Ela me passou um bilhete escrito em tinta vermelha", diz Blatchford. "Era o seu telefone; pediu também, ou me disse ao pé do ouvido, não lembro, que eu intercedesse em favor de John junto às autoridades. Ela achava que eu talvez pudesse ajudar."

Blatchford não dera muita atenção ao pedido de Yoko; não havia nada que pudesse fazer a partir do humilde escritório do Peace Corps. Achou Lennon "muito simpático e agradável" e se disse satisfeito com o programa.

Mas logo veio a saber que o governo Nixon colocara Lennon na mesma categoria dos "provocadores incumbidos de missões secretas destinadas a solapar a nossa segurança". Escolado com as tendências cada vez mais paranoicas do governo, Blatchford lamentou acreditar que a equipe presidencial seria perfeitamente capaz de vigiá-lo, classificá-lo como ameaça e forçar a sua deportação.

"Não me surpreenderia nem um pouco que eles estivessem dizendo: 'Vamos pôr o FBI em cima desse cara'", diz Blatchford. "E puseram mesmo."

CAPÍTULO 4

"UMA CALAMIDADE PÚBLICA"

*"Se o homem quiser nos expulsar,
vamos pular e gritar:
a Estátua da Liberdade disse
'Venha!'"**
– JOHN LENNON,
"New York City"

OS ESFORÇOS DO governo Nixon para se livrar de John Lennon começaram no Departamento de Imigração e Naturalização. Em 1º de março de 1972, John e Yoko foram informados de que seus vistos de turistas não seriam renovados e que eles deveriam partir até 15 de março, no máximo.

Uma segunda notificação foi expedida cinco dias depois. Tendo concluído que os Lennon "não tinham intenção de partir", o diretor distrital do INS lhes comunicou que os trâmites de deportação logo começariam.[1]

Em Washington, observadores acreditavam que a questão estava resolvida e que a "contraestratégia" eleitoral indicada pelo senador Strom Thurmond seria vitoriosa. Thurmond foi informado por William Timmons, assessor da Casa Branca, de que Lennon não estaria no país por ocasião das convenções de agosto. A ameaça percebida à segurança presidencial fora sanada: "O senhor pode

---

* *If the man wants to shove us out/ We gonna jump and shout/ The Statue of Liberty said, "Come!"*. John Lennon, "New York City".

estar certo de que a informação anteriormente fornecida foi apropriadamente registrada."

Os Lennon tinham várias razões válidas para permanecer no país — a mais convincente delas era a de que só assim Yoko poderia ficar perto de sua filha, Kyoko, então sob a guarda do ex-marido, Tony Cox. Desde o começo de 1971, John e Yoko haviam feito inúmeras viagens aos Estados Unidos para se informar sobre seus direitos parentais junto aos tribunais do Texas; Cox e Kyoko eram cidadãos norte-americanos com residência presumida em Houston. A luta de Yoko pela guarda da filha despertou no casal a ideia de fazer dos Estados Unidos o seu lar, muito conveniente também à necessidade de Lennon de se distanciar da amargura da Londres pós-Beatles.

O advogado Leon Wildes garantiu que a renovação do visto teria sido um procedimento relativamente rotineiro e que a mera questão familiar os qualificava para futuras prorrogações. "Fiquei surpreso com tudo aquilo", diz Wildes. "Eles não estavam pedindo muito."

Na universidade, Wildes fora colega de turma de Alan Kahn, ex-advogado da Apple Records. Quando Lennon, um dos artistas fundadores da gravadora, foi notificado da deportação, Kahn pensou imediatamente na Wildes & Weinberg, um dos escritórios de advocacia mais conceituados de Nova York, com larga experiência em assuntos de imigração. Ao chamar o velho amigo para oferecer-lhe o caso, Khan ficou surpreso com a primeira pergunta de Wildes: "Alan, quem é John Lennon?"

"Nunca diga a ninguém que me fez essa pergunta", aconselhou Kahn.

Nascido e criado numa pequena cidade da Pensilvânia, Wildes tinha mais familiaridade com música clássica e sua amada ópera do que com os estilos contemporâneos. Embora seja difícil imaginar alguém que, no fim da década de 1960, morasse em Nova York sem conhecer John Lennon e os Beatles, fato é que Wildes via o casal pelo prisma da *Aída* de Verdi, em que um príncipe do Ocidente se apaixonara pela princesa do Oriente.

"Eu não sabia quem eram John Lennon e Yoko Ono", diz Wildes. "Muito menos conhecia a sua música. Eu só via um belo casal em um belo casamento, aliás bastante fora do comum. Quando descobri quem eles eram e como eram importantes, passei a apreciá-los ainda mais."

Wildes foi à Bank Street para uma consulta inicial. A maioria dos visitantes se instalava descontraidamente na sala principal — um espaço organizado ao redor de uma cama e, como todo apartamento do Village, decorado com violões e símbolos de paz, exceto pelo Oscar (*Let It Be*) numa prateleira abarrotada de livros; mas, em se tratando de negócios, os dois preferiram dispensar ao advogado um tratamento mais formal. "Eles me levaram a um cômodo reservado, o que me pareceu uma atitude bastante respeitosa", diz Wildes.

Wildes aprovou o desejo de John e Yoko de permanecerem nos Estados Unidos e lhes garantiu que a necessidade de Yoko de ter acesso à filha — ao lado do marido — era um convincente argumento jurídico.

Havia, porém, um problema: Lennon trazia na bagagem uma condenação por posse de maconha em 1968. O sargento Norman Pilcher e o Esquadrão Antidrogas de Londres o haviam detido numa grande operação dirigida contra popstars. Dentre os fichados de Pilcher estavam George Harrison, Donovan e nada menos do que três Rolling Stones: Mick Jagger, Keith Richards e Brian Jones. Orientado por seu advogado, Lennon se declarou culpado de contravenção e pagou uma pequena multa.[2]

Essa condenação era uma mancha relativamente secundária num pedido de visto, mas tecnicamente suficiente para impedi-lo. Em visitas anteriores, Lennon obtivera autorização para estadias temporárias, mas agora o casal queria ficar mais tempo nos Estados Unidos, talvez um ano. Já informado de que a condenação poderia caducar em cinco anos, abrindo caminho para arranjos mais permanentes, Lennon perguntou a Wildes se teria como lhes conseguir mais algum tempo.

Não seria muito difícil conseguir um período de tolerância, garante Wildes. Mas por que não solicitar logo um visto de residência?

"Se você é tão importante quanto todo mundo fala", disse Wildes a Lennon, "eu posso colocar o governo numa posição pública bastante embaraçosa." Wildes sabia que o INS preferia evitar processos envolvendo celebridades. O diretor distrital Sol Marks – um amigo que diariamente viajava ao seu lado nos trens da Long Island Rail Road – e o promotor-chefe Vincent Schiano lidavam com uma gama de casos que incluíam tipos tão variados quanto mafiosos e Xaviera Hollander, autora de *The Happy Hooker* [*A puta feliz*] (Hollander teria enviado a Schiano um exemplar do livro com uma dedicatória, perguntando se ele realmente a achava uma estrangeira "indesejável"). Se atacar Lennon já seria motivo de considerável exposição midiática, qual não seria a reação do público – imaginava Marks – se ele tentasse expulsar um Beatle do país?[3]

Wildes planejava alegar que Lennon era "uma extraordinária personalidade das artes e das ciências" e objetar a crueldade de um ato que obrigava uma mulher a escolher entre ficar com sua filha e ir embora com o marido. Informalmente, Marks disse a Wildes que uma prorrogação de um ou dois meses talvez fosse concedida, mas apenas uma.

"Uma calamidade pública"

A resposta de Marks sugeriu a Wildes que a questão era mais complicada do que havia imaginado: "Não me faça perguntas", ele pediu a Wildes. "Essas pessoas jamais concederão outra prorrogação. E, Leon: diga-lhes para ir embora."

• • •

UMA SEGUNDA QUESTÃO judicial, agora motivada por lucros, não por política, dividiu por um momento as atenções de Lennon no início de março. Em jogo, para Lennon, havia mais do que um interesse fortuito: estavam envolvidos um parceiro de negócios, um ex-Beatle e uma lenda do rock.

Allen Klein, um enérgico advogado e ocasional empresário de roqueiros, fora encarregado por Lennon, George Harrison e Ringo Starr de representar os Beatles no pós-separação (uma escolha que conflitava com a ideia de Paul McCartney de deixar a administração dos ativos da Apple a cargo de parentes de sua esposa). Ungido por três quartos da banda para cuidar de seus assuntos, Klein trabalhou com Lennon no filme promocional *Imagine* e produziu, em junho de 1971, o gigantesco show beneficente de Harrison, "Concerto para Bangladesh", no Madison Square Garden. O festival humanitário impelido pela crise – considerado o primeiro de seu gênero e escala, com um elenco de superastros como George e Ringo, Eric Clapton e Bob Dylan – pareceu, a princípio, um grande sucesso: milhões de dólares foram arrecadados com a venda de ingressos, discos e direitos de filmagem.

Porém, um exame contábil mais atento colocou em questão o alcance da ajuda anunciada e a própria credibilidade de Klein: um artigo da *New York Magazine* de 28 de fevereiro de 1972 revelou que a maior parte do dinheiro doado nunca chegou a Bangladesh e que parte dele foi direto para o bolso do produtor.[4] A. J. Weberman, personagem do Greenwich Village e ativista autodeclarado, agarrou a oportunidade para lançar um protesto populista justificadamente furibundo. Ele recorda que Klein usou recursos de "contabilidade criativa": legal, mas antiética.

"Allen Klein afirmou que 85% do dinheiro foi gasto em despesas", diz Weberman. Não havia uma disposição legal citando qual porcentagem da doação caberia aos beneficiários, e a resposta de Klein deu a impressão de que ele ficou com o dinheiro destinado aos necessitados.

"Concluí que se ele precisou gatunar os esfomeados de Bangladesh é porque devia ser um cavalheiro esfomeado", diz Weberman. "Inspirados pelos cafés da manhã dos Panteras Negras, decidimos, então, fazer uma campanha de refeições gratuitas para executivos musicais famintos."

Uma semana depois da publicação do artigo, Weberman e "um bando de hippies" levaram ao escritório de Klein uma cesta de comida estragada recolhida em barracas de frutas e lixeiras; o "almoço grátis" que eles mereciam, entregue como prometido.

"Começamos a despejar quilos de frutas podres no escritório dele", lembra Weberman. Daí surgiu uma inflamada discussão a respeito de quem estava ajudando e quem estava prejudicando as crianças de Bangladesh, seguida de um arranca-rabo, já na calçada, com o produtor Phil Spector, que supervisionara as gravações do Concerto para Bangladesh.

"Eu disse que ia quebrar-lhe o nariz e que ele nunca mais ia poder cheirar cocaína", detona Weberman.

A briga não chegou, porém, a influenciar a contenda judicial, cuja solução se arrastou por anos a fio. Só depois de vários processos a questão dos royalties e dos direitos autorais foi de fato resolvida.

O disco, o CD, o VHS e o DVD continuam vendendo até hoje, em benefício do Fundo George Harrison para a UNICEF. Weberman desfrutou de uma breve credibilidade contracultural depois do entrevero com os engravatados. Boca a boca, a história se espalhou pelo underground e pelo *Village Voice* até chegar aos ouvidos de John Lennon. A credibilidade de Klein – uma relação fadada a durar pouco – era, obviamente, importante para ele, pois qualquer controvérsia a respeito do Concerto para Bangladesh podia ser fatal: Lennon havia pensado em se reunir aos seus ex-parceiros de banda no palco.

Weberman foi convidado ao apartamento da Bank Street – "depois que eles souberam o que nós fizemos" – e curtiu conversar com John e Yoko sobre "religião, ateísmo, política, Terceiro Mundo, libertação nacional, Guerra do Vietnã e coisas assim. Lennon foi bastante receptivo; nós estávamos, na época, na mesma sintonia. Ficamos amigos".

John e Yoko concordaram com Weberman, a princípio, e até financiaram uma franqueadora postal para distribuir seu jornal, *Yippie Times*; a conexão Lennon-Rubin incluía levar a Elephant's Memory para tocar num "Smoke-In", um festival de que Weberman se lembra por causa de um objeto de palco de 3 metros de comprimento: "Nós enrolamos um baseado gigante com palha em plena concha acústica do Central Park."

Foi uma aliança fugaz, uma das muitas parcerias efêmeras de Lennon em seus primeiros meses no Greenwich Village. Lennon gostava de fazer contato com todo mundo e algumas pessoas que conheceu de passagem por essa época reivindicaram mais tarde um estreito relacionamento com ele. Weberman tinha uma reputação menor de crítico cultural porra-louca, conhecido por performances de certa forma similares ao modelo yippie e por um gênero de pesquisa psicológica que chamava de "lixologia", a investigação da natureza de um indivíduo por meio do lixo que ele produz.

Weberman tinha especial fascínio pelas lixeiras de Bob Dylan e ficou em sua "cola" [stalked Dylan] desde muito antes da invenção do termo, sacando conclusões especulativas de suas descobertas. Preocupado que a voz de uma geração fosse um viciado, declarou-se chefe da "Frente pela Libertação de Dylan" e dizia que suas investigações "lixológicas" revelavam indícios de uso de heroína – com a qual Dylan se envolvera por um curto período –, uma conclusão de credibilidade duvidosa dada a alta probabilidade de se encontrarem resíduos de uso recreativo em qualquer lixeira do Village, gerados ou não por seus residentes. Weberman acreditava que até as afinidades políticas do músico eram movidas pela necessidade de drogas. Na sua opinião, Dylan não era o liberal que muitos imaginavam.

"Eu havia chegado à conclusão de que Dylan era um esquerdista que virara casaca para usar heroína e ganhar montanhas de dinheiro", diz Weberman. "Eu estava errado: ele nunca foi de esquerda; esteve, desde o começo, na direita."

Foi onde Weberman perdeu Lennon – que tinha Dylan como um amigo, uma importante influência artística e um pioneiro dos ideais da Nova Esquerda.

"Lennon e eu tínhamos diferenças a respeito de Bob Dylan", reconhece Weberman. "Quando eu dizia algo desabonador sobre Dylan, ele ficava nervoso a ponto de Yoko precisar contê-lo. As pessoas me odiavam quando eu atacava Dylan. Todos amavam John, e quem amava John detestava Weberman."

Weberman atacou Klein alegando agir em prol da Frente pela Libertação do Rock (RLF) – outro nome destinado a confundir os investigadores federais –, uma organização que, segundo ele, saíra da Frente pela Libertação de Dylan por ele criada. Sua afirmação

"Uma calamidade pública"

de que John e Yoko eram os mais novos soldados da RLF já fora publicamente negada numa carta ao *Village Voice* assinada pela verdadeira Frente, formada por Lennon, Yoko, Rubin e David Peel.[5] A carta denunciava Weberman por sua obsessão e suas loucas acusações contra Dylan e deplorava a tendência das pessoas de Esquerda se atacarem umas às outras: "A campanha de A. J. Weberman (...) faz parte da mania, que acomete todos os envolvidos na revolução, de espalhar falsos rumores e se atacarem mutuamente."

Na vida de Lennon já não havia, a essa altura, espaço para tal tipo de coisa.

• • •

SERIA JOHN LENNON um mero instrumento para seus novos amigos do Movimento, um figurante num jogo político já em curso, ou teria ele de fato assumido um papel mais importante? Os relatórios do FBI de março de 1972 se empenhavam em esclarecer o papel de Lennon no Movimento, cuja liderança parecia em transição. Agentes infiltrados, informantes e investigadores cuidavam de reunir informações de fontes às vezes fidedignas, outras duvidosas.

A essa altura, as atitudes populistas de Jerry Rubin já o haviam desacreditado aos olhos de muitos de seus ex-amigos no Movimento. Depois de sua desconcertante atuação no programa de Mike Douglas, Rubin passou a ser questionado – dentre outras coisas – por suas declarações ofensivas, que mais prejudicavam a causa do que a promoviam. Num relatório de 5 de março, a informante do FBI Julie Maynard descreveu uma recente reunião de líderes yippies no apartamento de Rubin na Prince Street. O relatório não especificava todas as lideranças presentes, mas observava que Stew Albert, veterano dos Sete de Chicago, era uma delas.

A sessão começou com Rubin se queixando de que seus supostos amigos eram responsáveis por sua "fritura" na imprensa, causando-lhe "prejuízos políticos".[6]

Em vez de solidariedade, porém, Rubin ganhou uma descompostura.

"Eles o tacharam de babaca", disse Maynard, e passaram a listar suas "putarias": ele não jogava para o time e havia lucrado financeiramente com o levantamento de fundos para a causa; tinha "um ego de superastro que usa[va] para bancar o líder (...) não faz[ia] nada, mas leva[va] o crédito". Não bastasse, Rubin foi criticado no plano pessoal por "seu cecê e outros maus hábitos".

Rubin não apenas perdera o respeito dos companheiros da Esquerda; eles já se perguntavam se a sua reputação ainda era um trunfo: nas ruas, dizia-se que a amizade entre Rubin e Lennon terminara. A anunciada participação de Lennon num comício próximo – que dirá na convenção de agosto – era agora um compromisso duvidoso, cheio de condicionantes. Lennon insistia numa participação discreta e não parecia disposto a solidarizar-se com a estratégia de Rubin de desobediência civil *pelos meios que fossem necessários*.

O FBI achava agora que Lennon não era apenas uma carta na manga de Rubin; era um curinga. Os investigadores pareciam perder de vista, da noite para o dia, a relação de Lennon com os radicais e seus verdadeiros planos. Os informes variavam em precisão e credibilidade. Um despacho dizia que a série de shows capitaneada por Lennon estava prestes a começar, "o primeiro deles em Ann Arbor, Michigan, num futuro próximo". Por "futuro próximo" eles talvez quisessem dizer vários meses antes: o show no Michigan era notícia velha, assim como as relações de Lennon com os hippies de Detroit; o informe sugeria, equivocadamente, que Lennon e John

Sinclair estavam trabalhando juntos num plano para o confronto de agosto.

Outro elemento de incerteza apontava para um possível método de forçar a partida de Lennon, se fossem exatos os informes sobre a sua relação com as drogas. Um resumo de 16 de março sugeria que Rennie Davis, Rubin e Lennon eram "contumazes usuários de narcóticos" e que tinham desavenças por causa do uso de drogas não especificadas. Dizia também que o consumo de Lennon era "excessivo" e incluía pílulas "referidas na gíria como '*downers*'",* o que poderia significar muitas coisas diferentes. O memorando descartava que Lennon fosse adepto de manifestações por estar sempre "chapado". "Lennon parece ter orientação radical, mas não dá a impressão de ser um verdadeiro revolucionário, uma vez que vive sob a influência de narcóticos."

As versões sobre a relação pessoal de Lennon com as drogas variam – seguramente não era virgem no que tange a bebidas, pílulas, alucinógenos e mesmo narcóticos consumidos pela maioria de seus contemporâneos. O máximo que admitiu foi ter experimentado heroína, cuja recusa está registrada em "Cold Turkey". Algumas biografias desabonadoras exageraram na dose, relatando que ele passava semanas a fio em estupor induzido por drogas – supostamente períodos em que seguia uma programação rígida e fazia aparições públicas verossímeis. Os membros da Elephant's Memory recordam que, naquela época e lugar, fumar um baseado era algo tão corriqueiro quanto tomar um drinque, mas afirmam nunca terem visto Lennon incapaz de trabalhar. E todos conheciam – e infelizmente continuariam a conhecer – uma quantidade suficiente de casos para saber a diferença.

---

* Barbitúricos.

Que Lennon usasse drogas não espanta. Contudo, em que medida era algo que dependia do ponto de vista e das inclinações da testemunha. O FBI podia estar apenas repetindo rumores ouvidos pelos agentes: "viver sob sua influência" era algo controverso, a julgar por seus próprios relatórios de campo, memorandos e instruções.

Confusão similar envolvia os nomes das organizações criadas pelos líderes do Movimento – e seu propósito. Um coletivo chamado Coalizão Popular pela Paz e pela Justiça representaria mais de uma centena de grupos "radicais" espalhados por todo o país. Os planos para as convenções eleitorais estariam sob a supervisão do Centro de Informações Estratégicas do Ano Eleitoral, financiado por Lennon. Seus membros tinham um histórico de "promoverem a desobediência civil em massa para combater a guerra, o racismo, a pobreza e a repressão".

Um aspecto em que os relatórios do FBI coincidiam, a despeito das evidências, era o plano para esta última ação: "Organizar manifestações radicais durante a Convenção Nacional Republicana". Apesar de um informe do próprio FBI, do mês anterior, citar Lennon especificando meios de protesto pacíficos, portanto legais, J. Edgar Hoover declarou que os planos do músico não eram benignos, o que justificava novas investigações. De acordo com Hoover, Lennon tinha "a manifesta intenção de se engajar em atividades radicais" na convenção.

O FBI tratou, pois, de impedi-lo por todos os meios necessários. Se Lennon era o notório "usuário de drogas" que se supunha, os agentes que obtivessem provas desse uso deviam comunicá-las imediatamente ao Departamento de Polícia de Nova York para que fosse providenciada a sua detenção. Uma instrução subsequente informava à central que o NYPD estava "tentando obter informação suficiente para prender tanto o elemento quanto a sua esposa, Yoko, com base em investigações". Só que essas provas não apareceram. Talvez Lennon fosse mais "careta" do que sugeriam alguns rumores.

• • •

A NOTÍCIA SE espalhou rapidamente quando, no fim de fevereiro, Lennon e os Elefantes iniciaram um mês inteiro de sessões de gravação para *Some Time in New York City* no estúdio da Record Plant, na Rua 44. Para os membros da banda foi uma experiência memorável, muito além da aventura musical, com demonstrações quase diárias da imensa fama de seu novo amigo, John. Era comum a presença de convidados e amigos dos músicos nas sessões, mas os Elefantes ficaram atônitos com a quantidade e variedade de gente que ia ver Lennon. Tex Gabriel se lembra de uma visitante, que, ao contrário do normal, esperou educadamente alguns minutos para ver Lennon.

"Eu lembro que Jackie Onassis veio ao estúdio", diz Gabriel. "Foi um grande momento para mim; jamais o esquecerei."

Foi uma lembrança duradoura para os Elefantes, que podiam curtir naturalmente o que tantos penavam para conseguir – o precioso tempo de Lennon. Trabalhar com ele lhes proporcionou ensinamentos inesperados, como a administração do tempo e a logística da produtividade, diz Gary Van Scyoc.

"E por falar em distrações", diz Van Scyoc, "certa noite Mick Jagger apareceu e ficou por lá umas duas horas. Rudolf Nureyev também. Um monte de gente procurava Lennon pelas mais variadas razões."

Não bastasse, os talentos diplomáticos de John tiveram de entrar em cena com Phil Spector, produtor contratado do disco. Spector conhecera os Beatles em 1970, quando foi chamado para recuperar e compilar o conjunto de gravações que veio a ser o álbum *Let It Be*. A marca do lendário produtor em certas faixas — notavelmente "Across the Universe", de Lennon, e "The Long and Winding Road", de McCartney — acrescentara algo novo e diferente ao repertório dos Beatles: a "muralha de som" tão marcante em "River Deep — Mountain High", de Tina Turner, "You've Lost That Lovin' Feelin'", dos Righteous Brothers, e dezenas de outros clássicos.

A reputação de Spector como produtor era tão grande quanto sua excentricidade. Na época em que trabalhou para os Beatles, era uma espécie de eremita que só acompanhava músicos de primeira linha. Aos Elefantes ele devotava, no melhor dos casos, uma fria indiferença.

"Ele nos ignorava", diz Tex Gabriel. "Não queria assunto com desconhecidos e não entendia por que Lennon não estava trabalhando com Clapton. Nós não éramos astros; ele só se dedicava a celebridades."

Mas Lennon era Lennon; as objeções de Spector foram ignoradas por um dos poucos músicos capazes de superar a sua influência como produtor.

"John simplesmente lhe informou como as coisas iam ser: 'Esses são os meus rapazes, eles estão trabalhando comigo e eu quero que você os trate com respeito.' John gostava da banda e sabia ser direto e contundente quando necessário."

Uma vez mais Lennon fez o papel de conciliador. Aparou as arestas deixadas no primeiro encontro e pediu que a banda não se preocupasse com "as atitudes de Phil; ele está aqui apenas para produzir e fazer o que tem que ser feito". Ficou acordado que Spector não seria presença constante no estúdio: trabalharia à parte com o material, como fizera em *Let It Be*.

Foi assim que os Elefantes começaram a enxergar o imenso potencial dessa parceria inesperada, aquilo que Lennon vira ao escolhê-los dentre várias outras bandas ao seu alcance. Não restava dúvida – eles eram *a* banda de Lennon: uma semana inteira no programa de Mike Douglas, gravação de um álbum em estúdio e excelentes perspectivas para o ano seguinte. Lennon estava pronto para recomeçar e os Elefantes faziam parte de seus planos.

"Musicalmente, John não fez nada sem a gente nessa época", diz Van Scyoc. "Não nos sentíamos um projeto secundário. Ele falava até em fazer uma turnê mundial."

Esse plano, assim como outras ideias, aguardava, contudo, a solução do problema de Lennon com a Imigração, um complicador também para a programação de ensaios, gravações e atividades promocionais.

"Eles queriam acertar com John algumas coisas importantes", diz Van Scyoc, "mas ele não podia por causa do Green Card. Isso era uma parte considerável da coisa toda. Isso e a busca por Kyoko. Eles estavam sempre viajando. John queria estar o máximo de tempo com Yoko para apoiá-la."

O ritmo era frenético e a programação mudava, muitas vezes em cima da hora. Um telefonema convocando a banda para se reunir podia não significar nada uma hora depois: Lennon havia embarcado para Houston. "Volta e meia acontecia o contrário: éramos repentinamente convocados para pegar nossos instrumentos e ir gravar."

"Era uma loucura", diz Van Scyoc. "Nunca se sabia onde eles estavam. Um dia a gente recebia um telefonema: 'Vamos ensaiar em uma hora.' Aí eles passavam semanas sem dar as caras e nós voltávamos à nossa rotina. Era assim que funcionava a carreira de Lennon nessa época."

• • •

ELES TRABALHAVAM RÁPIDO, por necessidade e por propósito artístico. A gravação em poucas semanas de material suficiente para um álbum significava uma produção relativamente rápida. Lennon queria que *Some Time in New York City* tivesse a objetividade de um jornal; seria um disco "conceitual", em conteúdo e expressão. "Somos como jornalistas, só que cantamos", disse Lennon, certa vez, a David Frost. As sessões de gravação tinham um sentido de urgência, com um prazo fatal para cada faixa. O trabalho geralmente começava às 19h e entrava pela madrugada, tempo suficiente para relaxar, brincar com as guitarras e trocar ideias sobre novas músicas. A sala de gravação era pequena. Ao longo das paredes enfileiravam-se os amplificadores e, sobre eles, copos de papel e latas de cerveja. Divisórias acolchoadas definiam o espaço da bateria. As guitarras ocupavam o centro da sala, com microfones e estantes de partituras devidamente agrupados. Mas o foco de todo o arranjo era Lennon, que explicava as músicas à banda.

A familiaridade musical construída nos primeiros ensaios no Village se fazia presente em cada faixa. Curtido por uma década inteira de trabalho em estúdios de gravação, Lennon pedia e acolhia opiniões, mas trazia às sessões canções basicamente prontas. Seu procedimento era simples e eficaz: esboçava a base da canção para que fossem acrescentados o ritmo de baixo e bateria, as notas de teclado e guitarra solo e o saxofone de Stan Bronstein. Os Elefantes, que dominavam um amplo repertório em vários estilos de rock, blues, jazz e pop, não tinham nenhuma dificuldade de acompanhar a tremenda inventividade de Lennon.

Lennon estreara algumas das canções ainda em dezembro: "John Sinclair", uma espécie de blues acompanhado com guitarra havaiana; "Attica State", uma vigorosa balada de protesto; "Sisters, O Sisters", de Yoko, um grito feminista tingido de reggae; e "Luck of the Irish", uma espécie de hino sobre os conflitos na Irlanda do

Norte. Outras canções eram "Angela", uma balada contando a história da ativista Angela Davis e sua detenção; "Sunday, Bloody Sunday", também sobre o massacre de Derry, Irlanda; e a autobiográfica "New York City", continuação da história de "The Ballad of John and Yoko", em estilo classic rock. Os versos de "New York City" descrevem seu encontro com Rubin e Peel, uma apresentação dos Elefantes no Max's Kansas City e suas sessões de improvisação com o grupo tocando antigas canções e aprendendo sobre Manhattan.

Alguns achavam que o rock puro-sangue "New York City" teria sido um grande sucesso se escolhido como faixa principal do disco. "Uma música fantástica, até hoje", diz Van Scyoc. "Na minha opinião, uma das melhores do disco."

Mas Lennon optou por desafiar convenções e expectativas. A primeira faixa de *Some Time*, uma balada feminista escolhida para disputar o público do rádio, falava do tratamento dispensado às mulheres pela sociedade; a começar pelo título, "Woman Is the Nigger of the World" era um convite à polêmica.

• • •

O PONTO DE vista de John Lennon sobre o movimento feminista talvez fosse enigmático para os fãs mais antigos dos Beatles, mas não constituiu surpresa para a líder feminista Gloria Steinem, que chamou sua atenção para um traço que identificou desde cedo em seu histórico: a propensão para abraçar causas. Ainda em 1964, ela aceitara um convite da revista *Cosmopolitan* para acompanhar de perto, por toda Manhattan, o dia a dia dos Beatles e das hordas de garotas que os seguiam a tudo quanto é canto.

"Lennon parecia muito menos interessado nas garotas do que os outros Beatles", conta Steinem. "Talvez devido à minha visão distorcida de escritora, o fato é que o achei mais interessante do que os outros."

Steinem diz que "havia lido alguns escritos de Lennon e notado quão imaginativo ele era. Trazia um forte legado *cockney** de palavras rimadas; a gente percebe o sentido e descobre significados que provêm da imaginação". Steinem discorda dos críticos que veem nos primeiros trabalhos de Lennon um sujeito chauvinista, e até misógino, dizendo que a prosa de Lennon em seu livro *In His Own Write*, de 1964, revela uma alma muito mais profunda.

"O livro não é contra as mulheres, não tem nada de sexista", diz Steinem. "É bem-humorado, imaginativo e humano, obra de um espírito aberto como poucos."

Contrariando imagens da primeira fase dos Beatles – quando a banda e seus acólitos eram vistos como uma espécie de Clube do Bolinha –, Lennon saudou a ascensão do feminismo e do movimento pela liberação da mulher, que, no começo da década de 1970, se encontrava no auge. Da mesma forma como a luta pelos direitos dos negros exigia o despertar dos brancos, o movimento das mulheres exigia o envolvimento dos homens. Além da força de suas convicções, diz Steinem, Lennon tinha o hábito de desafiar estereótipos e tendia, por princípio, a trilhar caminhos diferentes: "Ele era contra a guerra num país e num mundo que costuma tomar agressividade por masculinidade. Ele era criativo, insisto, num mundo em que os homens são mais recompensados pela agressividade do que pela criatividade. Sua vida – assim como seu trabalho – era e ainda é uma influência libertadora para todos, especialmente os homens."

---

* Sotaque ou dialeto característico dos trabalhadores londrinos.

Lennon creditava o seu despertar à influência de Yoko. Ela pedia que fosse profissionalmente referida como *Ms*. Ono, o recém-cunhado híbrido de Miss e Mrs. E John, por sua vez, acrescentou legalmente "Ono" ao sobrenome Lennon, uma prática absolutamente incomum entre os homens no fim da década de 1960 – e em qualquer outra época. Em sua entrevista de 1971 ao *Red Mole*, Lennon disse que o movimento feminista tinha de ser incorporado ao programa da Nova Esquerda, cujos líderes, homens, incorriam em sexismo mesmo quando acusavam o sistema de racista: "Não se pode ter uma revolução que não envolva e não liberte as mulheres. O modo como aprendemos a superioridade masculina é sutil. Eu levei muito tempo para perceber que a condição de homem excluía Yoko de certas esferas da minha vida. Ela é uma liberacionista ferrenha, que fez questão de me mostrar que eu estava errado em situações que, para mim, era apenas o modo natural masculino de agir. É por isso que estou interessado em saber como as pessoas que se dizem radicais tratam as mulheres."

Sob muitos aspectos, diz Steinem, o movimento feminista se ergueu à sombra dos movimentos contra a guerra e pelos direitos civis. Com poucas vagas na frente de batalha, as voluntárias acabaram ocupando posições secundárias no network dos rapazes.

"O movimento feminista provavelmente não existiria se essas manifestações tivessem tratado as mulheres como iguais", diz Steinem. "O que se esperava das mulheres era, ainda, que fizessem o café, operassem o mimeógrafo – um termo do passado – e oferecessem sexo e incentivo."

Por mais importantes que fossem as causas – a conquista de direitos civis e o fim da guerra –, uma parcela dos homens degradava sexualmente as mulheres, diz Steinem, uma situação difícil, senão impossível, de tolerar. Segundo ela, a questão ficou bem clara na manifestação contra a guerra em Washington.

"Quando uma ativista subiu ao palco para discursar contra a guerra", recorda Steinem, "os veteranos berraram: 'Sai daí, volta pra cozinha!'".

Lennon parecia sincero em seus valores feministas. Steinem diz ter compreendido sua decisão de cantá-los numa música escandalizante e potencialmente ofensiva. "Woman Is the Nigger of the World", lançada em abril de 1972, talvez tenha sido a primeira canção pop feminista escrita por um homem em fins da década de 1960 e começo da de 70 ("I Am Woman", de Helen Reddy, de 1971, era o hino extraoficial). O título era uma certeza de dificuldades ainda maiores para chegar ao rádio e a outros mecanismos capazes de transformá-la num sucesso; para Steinem, trata-se de uma notável criação sob aspectos outros que não a venda de discos.

"Uma música muito séria e importante", reflete Steinem. "Às vezes, para que uma coisa seja levada a sério, é preciso compará-la a outra que já é. Chamar as mulheres de 'burros de carga do mundo' não era novidade, mas nunca na letra de uma música."

Como em outras letras de Lennon, à declaração do título seguia-se uma assertiva e um desafio aos brancos de todo o mundo: "Sim, ela é, pense nisso; e faça algo a respeito."

• • •

NO PRIMEIRO ASSALTO da luta, a vitória foi de John e Yoko. A audiência de 16 de março de 1972 no Departamento de Imigração e Naturalização terminou com um adiamento até maio, dando tempo a Leon Wildes para preparar o pedido de residência e a Lennon para tentar cancelar a condenação por posse de maconha.

A recente sentença de um tribunal texano concedendo a Yoko a guarda de Kyoko deu amplo suporte à decisão. Era, no entanto, uma sentença até certo ponto inócua, insuficiente para garantir a imediata reunião de mãe e filha. O *New York Times* a chamou de "vitória de Pirro, uma vez que a criança e seu pai, Anthony D. Cox, haviam desaparecido". De acordo com Yoko, Cox planejara permanecer escondido, à espera de sua deportação.[7] Outras fontes acreditavam que Cox entrevira uma possível recompensa: novos maridos de ex-esposas raramente são bem vistos pelo ex-marido, mas um astro de rock multimilionário suscitava especulações bastante óbvias a respeito de suas motivações.

A justiça estava diante de um dilema: a ordem de guarda exigia que Yoko morasse nos Estados Unidos, deixando ao INS o ônus de separar a família, caso deportasse Lennon. Yoko certamente obteria residência semipermanente; Lennon parecia pronto para lutar pela dele, publicamente, se necessário. Com a prorrogação em mãos, Lennon deu uma coletiva improvisada nas escadarias do edifício do INS.

Os jornalistas não foram os únicos a tomar notas: "Um representante do FBI", como descrito num memorando, se juntou à pequena multidão de "oitenta e cinco repórteres, de rádio e televisão inclusive".[8]

Indagado, Lennon disse o que acreditava ser a verdade. De acordo com o memorando, "ele inferiu que o INS estava tentando deportá-lo devido às suas ideias políticas e à atual política do governo norte-americano com relação aos estrangeiros que lhe faziam oposição".

As linhas da batalha estavam traçadas. Do lado do FBI, o diretor J. Edgar Hoover parecia frustrado com o fato de um problema capital de sua pauta – Lennon liderando um show anti-Nixon – não ter sido rapidamente resolvido.

"É cada vez maior a possibilidade de que o elemento não seja deportado tão cedo", alertou Hoover no começo de abril, "e de que fique nos Estados Unidos pelo menos até [a Convenção Nacional Republicana]."

Um resumo da situação após a audiência foi enviado a pessoas que em geral não se envolviam com esse tipo de assunto, como o procurador-geral dos Estados Unidos, John Mitchell, e o chefe de gabinete da Casa Branca, H. R. Haldeman. E a situação era séria: Hoover alertara que Lennon tinha amplas condições de financiar uma longa contestação jurídica e que a mídia teria prazer em contar o seu lado da história. John Lennon era muito mais do que um tema de exclusivo interesse da imprensa underground e da *Rolling Stone*; o homem cuja foto o FBI tinha tanta dificuldade de obter era presença constante no *New York Times*, no *Daily News*, no *New York Post* e em inúmeras outras publicações.

O processo de deportação tornou-se um assunto público. E dado que o verdadeiro motivo era, ou deveria ser, um segredo, a pressa de mandar Lennon embora intrigou muita gente. Pedidos para que lhe fosse concedida a residência vinham de um número crescente de pessoas cuja posição na sociedade exigia atenção. Em nome da cidade que Lennon amava, o prefeito de Nova York, John V. Lindsay, foi um dos primeiros a se manifestar, por meio de uma carta enviada, em abril, ao representante do INS Raymond Farrell.[9]

A deportação de Lennon seria uma "grave injustiça", relatava Lindsay. "Eu considero ser do mais alto interesse público, do ponto de vista dos cidadãos de Nova York, como de todos os cidadãos dos Estados Unidos, que concedamos a artistas de sua importância o status de residente." Dizia também que se encontrara com John e Yoko e constatara que eles "amavam a cidade de Nova York e gostariam de fazer dela a sua casa".

Citando a irresistível motivação materna de Yoko, de permanecer ao lado da filha, Lindsay dizia que "a expulsão de Lennon de

"Uma calamidade pública"

nosso país atentava não apenas contra os princípios da nação, mas contra a política humanitária que deveria nortear as ações do Departamento de Imigração".

Ao contornar a questão da condenação de Lennon por posse de maconha, Lindsay questionava as verdadeiras razões da perseguição. Sim, John e Yoko falam o que pensam sobre as questões do momento, mas isso por si só não é crime: "Se é essa a motivação por trás da inusitada e cruel decisão do Serviço de Imigração e Naturalização, então estamos diante de uma tentativa de cerceamento do direito de livre-expressão e associação garantido pela Primeira Emenda e das liberdades civis de duas pessoas."

De olho na reação do público, Lennon disse ao *New York Times* que a carta de Lindsay era "maravilhosa" e que esperava "que ninguém se ofendesse com ela". Sempre propenso a falar de maneira positiva, mas sem abrir mão de seus princípios políticos, Lennon deixou clara, por meio da imprensa, a sua grande admiração pelo país que queria chamar de seu – uma América que ainda não vira... pelo menos do jeito que gostaria.

"Tudo o que eu conhecia de Nova York eram os hotéis onde me hospedei quando aqui estive com os Beatles", explicou Lennon, acrescentando que aprendera a amar o Village e a vida que lá encontrara. Falou de prazeres simples, como tomar milk-shake de café maltado, e de seu desejo de conhecer melhor os Estados Unidos: o Grand Canyon, Nova Orleans e assim por diante.

O prefeito Lindsay não foi o único a se manifestar. O Clube Nacional da Imprensa, em Washington, anunciou a formação de um Comitê Nacional por John e Yoko (outra "organização" passível de vigilância por parte dos rastreadores de grupos radicais). John Hendrix, que era amigo dos Lennon, aderiu à causa e declarou a uma turba de jornalistas especializados em assuntos do governo federal que as verdadeiras razões da deportação eram "a posição de

John e Yoko contra a guerra, a sua capacidade de influenciar o pensamento da juventude e o seu apoio a crenças impopulares".

Em vias de ter de enfrentar um governo firmemente decidido a acossá-lo, Lennon saudou, ao lado de seu advogado, Leon Wildes, o apoio recebido de um notável time de personalidades.[10] Choveram cartas do mundo das artes, algumas de proeminentes e respeitados representantes do Comitê pela Liberdade Artística, outras de artistas sinceramente indignados: o ator Tony Curtis; o apresentador Dick Cavett; o artista plástico Andy Warhol; os cineastas Stanley Kubrick e Elia Kazan; os escritores Joyce Carol Oates, Joseph Heller e John Updike – que disse, a respeito de John e Yoko: "Eles não podem fazer nenhum mal a este grande país; na verdade, poderiam até lhe fazer bem" –; os compositores John Cage e Leonard Bernstein – que chamou Lennon de "uma importante força criativa na música"; a cantora Joan Baez, que acrescentou à carta-padrão um comentário de próprio punho: "Manter pessoas confinadas em certas regiões do mundo é uma das razões de termos tido 6 mil anos de guerra, e não 6 mil anos de paz"; e a cantora Diahann Carroll, que escreveu: "Se um apelo à posição ética e moral desses adoráveis artistas da liberdade não basta para comovê-los, quem sabe os senhores se dignem a considerar a posição da sra. Lennon como mãe e o terrível risco em potencial de perder sua filha por causa dessa ação. Eu lhes suplico que deem uma resposta favorável ao senhor e à sra. Lennon nessa questão."

De fora do mundo artístico também vieram manifestações de apoio. Leonard Woodcock, presidente da central sindical United Automobile Workers, declarou: "A deportação de John Lennon e Yoko Ono será uma indignidade e uma tragédia para este país", e mencionou o "compromisso claro e eloquente [de Lennon] com a não violência e a sua participação em ações por mudanças sociais construtivas".

"Uma calamidade pública"

O rock and roll foi representado por Bob Dylan na forma de um verso manuscrito intitulado "Justiça para John & Yoko!", adequadamente poético, mas portador de uma saudável dose de cinismo:

John e Yoko trazem força e estilo à chamada TRADIÇÃO ARTÍSTICA deste país / Eles a inspiram, a transcendem e a estimulam, e podem ajudar outras pessoas a ver a luz pura e, com isso, acabar com essa onda desenfreada de mesquinho mercantilismo que nos vem sendo empurrada pela onipresente indústria da comunicação de massa como arte de artista. Vivam John & Yoko! Deixem-nos ficar, viver aqui e respirar. O país tem lugar e espaço de sobra.

• • •

JERRY RUBIN, ABBIE Hoffman e Rennie Davis foram notáveis ausências no lado da defesa no confronto entre o INS e John Lennon. Os líderes da Nova Esquerda e do movimento hippie – os mesmos que haviam recrutado Lennon para o show que desencadeou o esforço de deportação – não se juntaram à causa. Curiosamente, tampouco se ouviram as vozes dos rebeldes antiestablishment do rock. O colunista da *Rolling Stone* Ralph J. Gleason se perguntou: "Onde está todo mundo?" Os próprios músicos que Lennon inspirou estavam vergonhosamente calados. Teria aquela geração se tornado tão apática quanto Lennon intuíra em Ann Arbor?

"Não houve nenhum esforço por parte de Jerry ou qualquer outro para tornar a questão da imigração de Lennon uma causa do Movimento", diz Jay Craven.

É certo, por outro lado, que o apoio de suspeitos de crimes – incluindo aqueles com condenações em suspenso – teria causado mais problema do que solução, algo que Lennon pareceu perceber na ocasião. Não apenas as gravações e viagens ao Texas tomavam boa parte de seu tempo, como ele não se comprometera formalmente com os planos incertos de Rubin. A ideia tão acalentada de uma turnê culminando em agosto se esfumaçara na lembrança. A ausência de manifestações de apoio por parte de membros do Movimento pode ter sido uma ideia sensata, fruto do entendimento de que poderiam mais prejudicar do que ajudar a causa de Lennon.

"Houve uma pausa e em pouco tempo tudo foi esquecido", diz Craven. "Para todos os efeitos, foi isso. E não haveria mais nada."

Alguns achavam que Lennon, preocupado com as pressões pela sua deportação, talvez não quisesse entornar o caldo. Rennie Davis ficou decepcionado, mas compreendeu.

"O Departamento de Justiça veio com tudo para cima de John", diz Davis. "Quando Sinclair foi libertado, John [Lennon] passou a ser ameaçado de deportação. Não critico John e Yoko pelo que fizeram. Eles seguraram a onda e lutaram a sua luta. Mas, no final das contas, John recuou do plano de ir à convenção."

Sair em turnê era algo que John passara meses planejando, independentemente de motivações políticas. Agradava-lhe a ideia de um show integrado a uma manifestação mais ampla em favor das ideias da Nova Esquerda, mas, por outro lado, ele sabia muito bem o que não queria.

"Eu não quero criar distúrbios e confrontos em cada cidade", confessou Lennon. "Só quero pintá-las de vermelho."[11]

Os comentários feitos por Rubin na ocasião, demasiado etílicos, crípticos e gratuitos para o gosto de Lennon, não significavam que suas opiniões políticas tivessem, de fato, amolecido. Leni Sinclair diz que a decisão de se afastar de Rubin foi única.

"Lennon achava que o estavam induzindo ao erro; na verdade, ele não estava de acordo com as táticas deles", diz Leni. "Por isso se afastou."

"Uma calamidade pública"

Lennon disse ao fotógrafo Bob Gruen, seu amigo, que não queria participar das manifestações incendiárias de Rubin. "John deixou claro que não estava totalmente de acordo com seus amigos revolucionários", escreveu Gruen anos depois. "Nas conversas do dia a dia, ele fazia questão de dizer que a única maneira de mudar o sistema era por meio da não violência." Lennon tinha clareza de suas convicções pacifistas, mas contou a Gruen que não era papel de um inglês apoiar abertamente um candidato ou uma plataforma partidária nas eleições norte-americanas.

Embora decidido a não se juntar à "anticampanha" de Rubin, Lennon continuou a emitir suas opiniões publicamente, como fez em um comício contra a guerra no Bryant Park de Nova York, num chuvoso 22 de abril, uma data espremida entre duas audiências no INS. Lennon disse à multidão que continuava comprometido com a campanha pela paz.

"Ouvi dizer que o Movimento acabou – rá-rá-rá!", zombou.[12] O Movimento não tinha acabado; ele próprio estava ali, inteiro, como se viu nos jornais do dia seguinte, ao lado de manifestantes diretamente envolvidos na causa – os Veteranos do Vietnã Contrários à Guerra.

Um dos líderes desse grupo era um soldado recém-retornado cujas condecorações de combate incluíam três Purple Hearts, uma Bronze Star e uma Silver Star. Algumas semanas antes do evento no Bryant Park, o ativista John Kerry, de Massachusetts, liderara a marcha Operation POW★ com "um tropel de veteranos" que cantavam "Give Peace a Chance". Segundo a biografia de Douglas Brinkley, *Tour of Duty*, Kerry foi convidado a apresentar John Lennon em Nova York:

★ Evento organizado pelos Veteranos do Vietnã Contrários à Guerra no fim de semana do Memorial Day (última segunda-feira de maio) de 1971, em que veteranos e outros manifestantes marcharam de Concord, Massachusetts, até o Boston Common.

"Lennon assistira na TV ao meu discurso no Comitê de Relações Exteriores do Senado", lembrou Kerry. "Ele gostou do que eu disse. Nosso governo vinha bombardeando-o por causa de suas declarações contra a guerra. Então ele me pediu para ser a pessoa que iria apresentá-lo no evento de Nova York. Eu o encontrei antes da hora e pudemos conversar longamente."[13]

O momento foi capturado numa foto de Kerry, vestido com uma jaqueta de bombardeiro, ao lado de Lennon; quatro décadas depois, essa imagem era orgulhosamente exibida no gabinete de John Kerry no Senado. "Eu adoro essa foto porque eu adoro John Lennon", disse Kerry, que foi transferido, em 2013, para o gabinete de secretário de Estado.

Lennon participava com orgulho das manifestações públicas, subindo prazerosamente ao palco ou apenas erguendo o punho em defesa de sua causa na certeza de que essas imagens apareceriam nos jornais – e nos informes de vigilância. Tudo o que Lennon fazia era objeto de escrutínio, parte dele comicamente equivocado. Em abril, a Apple lançou o LP *The Pope Smokes Dope* [*O papa fuma erva*], de David Peel e a Lower East Side Band, produzido por Lennon; nos informes federais, a posição pró-maconha de Peel foi atribuída ao produtor do álbum. Uma fonte do FBI perguntou a respeito de Lennon: "Ele não disse que o papa devia fumar maconha?"[14]

A música de Lennon foi, durante muito tempo, incompreendida por alguns, especialmente pessoas com intenções ocultas. A *Rolling Stone* chegou a dizer que os investigadores consideravam a possibilidade de usar as músicas de Lennon como estratégia jurídica para a sua deportação. A ideia era levar uma eletrola ao tribunal para tocar "álbuns [e] canções de Lennon em apoio a teses subversivas, como a independência da Irlanda, a libertação das mulheres, os direitos dos negros e dos índios e a descriminalização da maconha".

Para o FBI, feminismo e direitos civis para negros e americanos nativos significavam "subversão".

• • •

EM VEZ DE se calarem e partirem, John e Yoko fincaram pé em seu apartamento do Greenwich Village. Parecia que a justiça estava do lado deles, ou pelo menos propensa a lhes dar mais algum tempo.

Em 2 de maio, o juiz Bernard J. Lasker assinou uma ordem de restrição temporária que impediu o INS de realizar uma audiência de deportação agendada.[15] Com isso, Wildes teria tempo para dar entrada em novos requerimentos, que deveriam ser analisados pelo tribunal antes de o casal ser expulso do país – um recurso usual para ganhar tempo antes do retorno das partes à presença do juiz.

Afastar Lennon dos Estados Unidos não seria tão simples quanto os governantes haviam pensado. O INS qualificara John e Yoko como "artistas extraordinários", declaração que, combinada com o pedido de guarda de Yoko, poderia compensar a acusação por posse de maconha e abrir caminho para a residência permanente.

O *New York Times* explicou o caso num editorial, "Love It and Leave It" ["Ame-o e Deixe-o"], que assinalava a ironia contida no fato de uma agência do governo tentar dar sumiço num cheerleader desavergonhado.[16] É verdade, Lennon provocara algumas pessoas da maneira errada. E a matéria citava um ex-diretor de escola de Liverpool que disse ter sido obrigado a dar uma bengalada no futuro Beatle, então na 5ª série. Ele esquecera a falta que motivou o castigo físico, mas lembrava que Lennon era "uma calamidade pública".

Talvez, sugeria o *Times*, na cabeça de algumas pessoas, Lennon representasse a mesma "calamidade pública" que fora quando criança.

Outros discordavam veementemente, mas não importava – o governo estava passando dos limites e pisoteando a Primeira Emenda ao penalizar um homem por suas opiniões. O *Times* destacou a enxurrada de cartas que protestavam contra a separação de uma família, categorizando isso como crueldade e falta de senso de justiça: "Seria irônico se os guardiães da moral privada e da segurança pública deste país se tornassem conhecidos como criadores de um novo lema: 'Estados Unidos – Ame-os ou Deixe-os.' O que os Beatles não teriam feito com esse refrão!"

Leon Wildes ficou justificadamente animado com a injunção temporária, mas preocupado de que houvesse mais pelo caminho. Mostrou-se surpreso com o grau de importância atribuído ao caso. O diretor distrital do INS, Sol Marks, estava entre os que, na opinião de Wildes, demonstravam um interesse, digamos, demasiado ativo pela questão.

"Quando o juiz de Imigração proferiu a decisão, Marks deu uma entrevista coletiva", observa Wildes. "Ele vinha dizendo que nada poderia ser feito por Lennon e que, como diretor distrital, tinha a obrigação de expulsar ou deportar todos os estrangeiros ilegais. Mas não era bem assim."

Wildes se defrontou com uma oposição que nunca tinha visto em sua longa experiência com os trâmites do INS. Um erro técnico – o nome de um órgão federal usado como referência para John Lennon – criou uma pequena, mas significativa perturbação.

"Os Lennon trabalhavam com a American Bar Association, que tinha por missão incentivar os jovens a se afastarem das drogas, esse tipo de coisa", diz Wildes. Em suas alegações, Wildes se referira equivocadamente à ABA como parte do esforço antidrogas de Nixon. Um equívoco inocente, corrigido em dossiês posteriores, mas cujo impacto mostrou a Wildes que a questão era mais complicada do que ele havia pensado.

"Uma calamidade pública"

"O FBI pirou", diz Wildes. "Puseram quatro agentes para investigar a ABA. Mas logo descobriram o engano." Wildes via, com estupor, um acúmulo de erros amadorísticos, produto do desespero, de um esforço absurdo para deportar dois indivíduos relativamente inofensivos.

"O diretor do FBI, J. Edgar Hoover, escreveu pessoalmente alguns dos memorandos", diz Wildes. "Eles estavam fungando no nosso cangote – no de Lennon e no meu. Uma coisa asquerosa... Nós só estávamos lutando por nossas vidas."

CAPÍTULO 5

JOGO DE PALAVRAS

"John e Yoko (...) enfrentam um processo de deportação. A deportação é geralmente reservada a mafiosos importantes."
– DICK CAVETT

EM 2 DE MAIO de 1972, data da expedição da medida cautelar que permitia que John e Yoko permanecessem por mais algum tempo nos Estados Unidos, morreu J. Edgar Hoover. O impacto da morte de Hoover excedeu em muito as usuais perturbações resultantes do súbito desaparecimento de um alto funcionário do governo. A posição que Hoover criara para si ao longo de mais de meio século deu ao cargo um poder só superado pela Presidência da República; alguns até se perguntavam quem tinha mais poder.

Hoover começou em 1924, dirigindo a Agência de Investigação, rebatizada em 1935 de Agência Federal de Investigação (FBI), da qual foi também o primeiro diretor. Ao longo de quase meio século, passando pela Lei Seca, pela Segunda Guerra Mundial, pelo macarthismo da década de 1950 e pela era dos direitos civis, Hoover exerceu uma autoridade sem precedentes em Washington, um poder que aumentava a cada novo comandante em chefe no exercício da Presidência.

Devido ao seu legado de assédio a comunistas, subversivos, homossexuais, dissidentes e quem ele achasse ter atitudes impatrióticas, os muitos críticos de Hoover diziam que ele interpretava o cargo como chefe do "Ministério da Intimidação". Quando as táticas convencionais de coleta de informações não eram suficientes, ele criava recursos e autoridade adicionais: foi somente em 1971 que os norte-americanos tomaram conhecimento do Cointelpro, o programa de contrainformação lançado por Hoover em 1956 para apurar opiniões políticas divergentes – algo que, para muitos, não passava de espionagem não autorizada. Dentre os alvos de Hoover estavam Charlie Chaplin, Martin Luther King Jr. e John Lennon; o ex-Beatle fora um de seus últimos projetos.

Para sucedê-lo, Richard Nixon indicou L. Patrick Gray, um capitão da Marinha reformado e advogado que servira como elo entre o Congresso e o Pentágono antes de aceitar a indicação para o Departamento de Justiça em 1970. Como diretor do FBI, Gray assumiu o controle da correspondência de Hoover, embora a supervisão cotidiana das operações da agência coubesse ao diretor-adjunto Mark Felt.

Dentre os últimos memorandos de Hoover estavam aqueles que envolviam John Lennon. Em seu primeiro dia no cargo, 3 de maio, Gray recebeu um relatório sobre a deportação do ex-Beatle. As esperanças de Hoover em uma investigação discreta e uma partida forçada eram coisa do passado. Gray herdou uma batalha pública cujo progresso estaria diariamente registrado nas páginas dos jornais e nas telas de TV de todo o país.

• • •

"JOHN E YOKO já estiveram aqui antes", disse Dick Cavett ao apresentar seus convidados. "Eles enfrentam um processo de deportação. A deportação é geralmente reservada a mafiosos importantes."[1]

Assim começou a aparição dos Lennon no *Dick Cavett Show* de 11 de maio de 1972, uma madrugada de entrevistas conduzida pelo comediante de Nebraska. Nos anos sessenta Cavett escrevera piadas para Jack Paar, participara de shows televisivos de prêmios e apresentara um programa matinal de entrevistas antes de assumir um horário da madrugada distinto do *Tonight Show* de Johnny Carson. As propensões intelectuais de Cavett tornaram um desafio encontrar para ele um lugar numa rede nacional de TV.

Os convidados de Cavett eram polêmicos, e não por acaso; Cavett sempre estava em busca de algo mais substancial do que a promoção de filmes, músicas e programas de TV, como foi o caso do notável debate sobre o Vietnã de junho de 1971, em que a defesa da retirada dos Estados Unidos feita por John Kerry, líder dos Veteranos do Vietnã Contrários à Guerra, claramente marcou mais pontos do que a posição de "venceremos". Cavett se lembra bem da reação ao programa, que teria levado o presidente Nixon a perguntar: "Não tem um jeito de foder o Cavett? Tem que haver."

Bem visto pela elite do rock – em seu palco estiveram Jimi Hendrix, Janis Joplin e Stephen Stills, recém-saído de Woodstock –, Cavett aceitara com grande entusiasmo, no verão de 1971, um convite para se encontrar com John e Yoko em sua residência temporária no hotel St. Regis, quando ficou acertada uma espécie de toma lá, dá cá: Cavett topou aparecer num dos muitos curtas-metragens feitos pelo casal e, em contrapartida, John e Yoko aceitariam ser anfitriões em seu programa de TV – o que aconteceu pela primeira vez em setembro de 1971.

O episódio não teve música, só conversa – um papo descontraído que levou mais tempo do que o previsto e foi ao ar em duas noites. Cavett não queria cortar as breves reflexões de um Beatle sobre a sua época; afinal, eles foram, como bem citou o apresentador, "o grupo mais ouvido, falado e comentado da década de 1960 (...), aquele que mais influenciou o modo de ser e pensar dos jovens durante toda uma década".

Aquilo era passado, disse Lennon. Ele curtira a viagem e tinha orgulho do trabalho realizado, mas agora era vida de adulto, não de ídolo juvenil: "Quando a gente cresce, quando chega aos 50 com asma e tuberculose, não quer mais ser arrastado ao palco para tocar 'She Loves You'. Eu disse que não queria chegar aos 30 cantando 'She Loves You'; disse isso aos 25 – uma maneira indireta de declarar que aos 30 estaria fazendo algo totalmente diferente."

Repetindo o que dissera nas entrevistas de janeiro de 1971 ao *Red Mole* e à *Rolling Stone*, Lennon reafirmou no programa de Cavett o seu compromisso com o Movimento e discutiu o papel dos protestos dos jovens e da desobediência civil.

"Eu não acredito em revolução violenta; isso é fazer o jogo do sistema", esclareceu Lennon. "Somos artistas revolucionários, não soldados. Ainda sou a favor da paz, mas sou artista antes de tudo, depois político."

Lennon assinalou que havia, entre defensores da mesma causa, divergências a respeito de como atingir os objetivos. Igualmente enigmático era o fato de as pessoas que defendiam ideais pacifistas terem concepções tão díspares sobre como fazer um protesto adequado; na época, ele ainda não conhecia David Peel, Jerry Rubin e os Elefantes.

"Muitas pessoas dizem: 'Não queremos nos manifestar pela paz dessa maneira; queremos fazer de outro jeito'", refletiu Lennon.

Oito meses mais tarde, em 1972, Lennon teria nova entrevista no programa de Cavett sobre a sua relação com o Movimento, sobre como era viver sob vigilância federal e sobre uma palavra polêmica utilizada em uma nova canção.

• • •

EM SEU RETORNO ao palco de Dick Cavett, em maio de 1972, John Lennon violou inadvertidamente um tabu televisivo ainda antes de se sentar – uma gafe de certa forma menor, que não percebera por causa de seus problemas de vista.

As regras da emissora ditavam que os convidados não podiam mencionar pelo nome nenhum candidato a cargo eletivo. A convidada da primeira parte do programa fora a atriz Shirley MacLaine, que naquele ano fazia campanha pelo candidato democrata. Por questões de igualdade de tempo na TV, MacLaine não pudera mencioná-lo pelo nome.

Ao ser anunciado, Lennon entrou no palco acenando para a plateia e foi cumprimentar Cavett e MacLaine. Percebendo um bóton de campanha preso à roupa de MacLaine, inclinou-se para ver mais de perto.

"Como ele se chama?", perguntou Lennon, apertando os olhos. "Ah, 'McGovern'. Pensei que fosse 'McCartney'. Enxergo mal, você sabe."

Assim foi revelado o segredo de polichinelo, o candidato sobre o qual MacLaine falara na última meia hora.

"Você pode falar; afinal, está indo embora", gracejou MacLaine.

Também esse (deportação), provavelmente, era um tema que os executivos da emissora preferiam que não fosse discutido no programa. Cavett, no entanto, incentivou o debate. MacLaine falou sobre suas experiências de campanha, dizendo que, por todo o país, as pessoas se mostravam mais argutas do que alguns preferiam admitir. "Elas querem ouvir a verdade", disse MacLaine. "Acham que liderança é sinônimo de corrupção e que uma pessoa honesta não consegue governar."

Cavett foi bastante claro a respeito de seu interesse em Lennon, cuja situação fora devidamente explicada ao público na abertura do programa. "Nós queremos vê-los se apresentar, mas não é só: eles estão envolvidos num importante processo judicial que irá determinar se poderão ficar no país ou se serão deportados."

Durante muito tempo a vida de Lennon fora um livro aberto ao escrutínio público. O FBI queria saber se ele fazia uso de drogas; ele e os outros Beatles haviam admitido suas experiências e explicado, cada um a seu momento, suas razões para abandoná-las. Se isso os tornava ou não exemplos, era uma questão inteiramente diferente: "Eu nunca me senti responsável por ser o que se chama por aí de ídolo", disse Lennon depois de McCartney admitir ter usado LSD. "É errado ter esse tipo de expectativa. O que estão fazendo é transferir para nós as suas próprias responsabilidades. Se estavam autenticamente preocupados com a possibilidade de outros [nos] copiarem, deviam ter tido a responsabilidade de não colocar nos jornais."

Lennon era sincero – às vezes até demais – a respeito de quase todos os aspectos de sua vida. Espiritualidade, fama, parceria com os Beatles e relacionamento com Yoko – tudo era abordado em sua arte e suas entrevistas. Lennon era notícia; as audiências no INS e a busca por Kyoko eram de conhecimento público.

A operação de deportação fora insuflada pela política, disse ele, e a tragédia era que o resultado pretendido pelo governo acabaria por separar uma família.

"Não se decidiu um esquema para a criança", disse Lennon a respeito do acordo entre Anthony Cox e Yoko. Desconsiderando as evidentes motivações de Cox de tirar partido da riqueza recém-
-adquirida de sua ex-esposa, Lennon transmitia a impressão de que

se tratava de um conflito comum a todo divórcio: "A gente sabe como são essas coisas; elas vão piorando, piorando, até que um belo dia já não pudemos mais ver Kyoko."

Rompendo a "quarta parede" – aquela que separa o espectador do artista –, Lennon olhou para a câmera e falou diretamente para Cox... e para o INS: "Estamos dizendo a todos os que nos assistem: nós não queremos escondê-la em lugar algum. Yoko sempre disse que a criança deve conviver com o pai e a mãe, beneficiar-se da presença dos dois. A política da Imigração sempre foi não separar a família; deixem-nos ficar aqui – a filha dela está aqui."

Sempre ligado na percepção do público e do governo, Lennon esclareceu a reputação de seu advogado, Leon Wildes. "Ele não é um radical", disse. Wildes era um experiente especialista em imigração, não um ativista dos direitos civis, como William Kunstler, defensor dos Sete de Chicago.

"O mais irônico é que o governo aprovou o nosso requerimento como 'artistas excepcionais cuja presença é benéfica para a vida cultural e o bem-estar dos Estados Unidos'", disse Lennon. Seu advogado ficara muito surpreso com as manobras subsequentes. "Foi a primeira vez que ele se viu na contingência de ter que recorrer a um tribunal para obrigar o governo a considerar esse tipo de petição."

Cavett leu passagens de cartas enviadas ao INS por várias personalidades, dentre as quais o presidente da United Auto Workers, Leonard Woodcock. MacLaine expressou ao vivo o seu apoio dizendo a Lennon: "Vocês expressaram o amor e a paz nas artes mais do que a imensa maioria dos artistas do século XX."

Reiterando a resposta dada a todos os que perguntavam, Lennon disse acreditar que a deportação era motivada por suas ideias políticas, não pelo fato de ter sido um dia condenado por porte de maconha. De "All You Need Is Love" até "Give Peace a Chance", suas opiniões não haviam mudado; a diferença, disse, eram os seus amigos em Nova York. Atento, porém, à presunção de culpa por associação, cuidou logo de esclarecer: "Nós queremos paz; há dois anos dizemos a mesma coisa. [Mas] estamos sendo acusados pelo que aconteceu na Convenção de Chicago. E eles acham que vamos a San Diego, Miami, seja lá onde for. Nós não vamos. Não haverá nenhuma confusão com a gente e com Dylan, tem muita coisa acontecendo."

A declaração não foi relatada pelos agentes do FBI presentes à plateia. Mas um memorando citou uma breve referência de Lennon a um pequeno show beneficente na igreja metodista da Washington Square com a participação da Elephant's Memory: "Anunciado por Lennon no *Dick Cavett*, o show beneficente para o Comitê de Defesa de Attica reuniu muito mais gente do que se esperava." O evento arrecadou "2 mil dólares líquidos para o comitê e 200 para a igreja" – uma soma que, mesmo para os padrões do início da década de 1970, mal valia o trabalho de informar.[2]

• • •

O QUE MAIS aterrorizava a emissora de TV era a palavra *"nigger"* no título da canção. Iria John Lennon desafiar as regras de radiofonia então vigentes?

"Eu me lembro de ter conversado sobre isso com minha mulher antes de entrarmos no estúdio", diz Gary Van Scyoc. "Eu não estava seguro de que aquilo ia de fato rolar; achava que na hora John mudaria de ideia e faria outra coisa. Mas não mudou."

A execução da música levou cinco minutos; a discussão prévia sobre a letra... muito mais.

"Quando a música apareceu, foi uma bomba, um pandemônio", conta Van Scyoc. "John era meio ingênuo, como todos nós, não

Jogo de palavras

entendia o motivo de toda aquela confusão. Ele não achava que iria provocar toda aquela celeuma."

Não era o caso de Cavett: a Comissão Federal para as Comunicações (FCC) era muito rígida com certas coisas. Lennon não poderia apresentar, por exemplo, "Working Class Hero" na TV, por causa da palavra "*fuck*" na letra. As rádios FM, tidas como mais progressistas, hesitavam em colocar a "Bomba-F" em seus transmissores e os proprietários das lojas de discos se perguntavam se as letras nas capas dos discos violavam as leis contra a obscenidade.

Ben Fong-Torres, editor da *Rolling Stone*, escreveu o seguinte sobre as atitudes dominantes: "Rádios de todo o país dizem querer tocar 'Working Class Hero' (...), mas, com pouquíssimas exceções, estão todas se borrando de medo."[3]

Não se sabe ao certo do que tinham medo: as sanções não iam além de uma mera advertência – e isso se alguém se queixasse. A analista da FCC June Herrick não se lembrava de nenhuma reação específica a "Working Class Hero", tampouco à frase "De pé contra o muro, seus putos", da Jefferson Airplane, num show em São Francisco transmitido pela PBS. O maior desafio era identificar as letras que defendiam o uso de drogas por meio de gírias sempre diferentes. Herrick disse que recebia cerca de 1.500 cartas por mês denunciando "canções sobre drogas", quase todas derivativas, como "Lucy in the Sky with Diamonds", cujo acrônimo "LSD" seria intencional. Lennon se disse surpreso com a descoberta e foi pesquisar letras antigas para se certificar. (Quando os Beatles queriam cantar sobre drogas, eles cantavam – não era preciso ser nenhum criptoanalista para decifrar "I get high with a little help from my friends"★).

★ "Eu fico chapado com uma ajudinha dos amigos."

No começo da década de 1970, a linguagem e as referências às drogas passaram ao segundo plano. Para o gerente de programação da KPFT-FM em Houston, Larry Lee, os monitores federais "estavam mais preocupados com o conteúdo político" de canções de rock como "Ohio", de Neil Young, que assumia uma posição nitidamente antipresidencial.

"Woman Is the Nigger of the World" propunha várias questões numa única frase. Lennon insistira que ela fosse a faixa principal do álbum *Some Time in New York City* – contra várias opiniões discordantes na Apple – e estava igualmente determinado a cantá-la no *Dick Cavett Show*. Ele queria que as pessoas a ouvissem, o que levou a Apple a oferecê-la via ligação telefônica – a versão 1972 de mídia on-demand.

A execução da música foi aprovada sob a condição de que se inserisse na transmissão um aviso de isenção de responsabilidade a ser lido pelo apresentador do programa. A insatisfação e o desconforto de Cavett ficaram óbvios em sua leitura:

> *John e Yoko criaram algo que, na opinião da ABC, pode ser, como eles próprios admitem, bastante polêmico. Trata-se da canção "Woman Is the Nigger of the World" e do fato óbvio de que membros da nossa audiência negra possam ou venham a se sentir ofendidos pelo uso da palavra "nigger". No bloco seguinte, John Lennon expõe as suas razões para ter escrito a canção e usado essa palavra. Eu permiti essa inserção no programa como única alternativa à total eliminação, pela ABC, do segmento inteiro.*[4]

"Essa música fala do problema das mulheres", explicou Lennon. "É óbvio que alguns a estranharam, em geral brancos e homens."

O título da canção foi creditado a Yoko, que utilizara a frase numa entrevista concedida dois anos antes a uma revista feminina inglesa. A natureza poética da comparação caiu no gosto de Lennon, como quando Ringo Starr, inadvertidamente, fazia nascer canções dos Beatles com frases do tipo "*a hard day's night*" e "*tomorrow never knows*".* Mas a contribuição de Yoko ia muito além do título da canção; Lennon costumava admitir que ela lhe despertara – geralmente pela via artística – a consciência de seus erros no trato com as mulheres.

"Eu era muito mais chauvinista do que sou hoje", disse Lennon. "Como todo mundo, eu venho falando bastante sobre esse tema nos últimos dois anos. Ele cresceu em importância e tive que me virar para aprender mais."

O movimento feminista pode ter sido a força motriz da música, mas, segundo Lennon, a escolha das palavras desencadeou outra batalha. "Várias emissoras estão dizendo: nós não vamos tocar essa música porque ela diz '*nigger*', coisa que um branco nunca diria."

Em defesa do uso do termo como metáfora, Lennon leu em voz alta uma "definição" sugerida pelo deputado Ron Dellums, da Califórnia, membro fundador da Bancada Negra no Congresso, e utilizada no material promocional do single, dentre eles um anúncio da Apple Records na revista *Billboard*.

"Este sujeito extraordinário se saiu com esta; é fantástica", explicou, antes de ler a proclamação de Dellums: "'Se definirmos *nigger* como uma pessoa cujo modo de vida é definido pelos outros, cujas oportunidades são definidas pelos outros e cujo papel na sociedade é definido pelos outros, então, alvíssaras! – não é preciso ser negro para ser um *nigger* em nossa sociedade. Nos Estados Unidos, a imensa maioria é *nigger*.'"

Lennon pareceu surpreso com os entusiásticos aplausos que se seguiram. Sorrindo, lembrou à plateia que era apenas um jornalista

---

* "A noite de um dia duro" e "Amanhã nunca se sabe".

musical; por favor, não deportem o mensageiro: "Oh, Deus: agora é que não vamos conseguir mesmo ficar."

A despeito dos temores da ABC, Cavett convidou "essas duas ameaças à sociedade" a tocar. John e Yoko se levantaram e subiram a um tablado montado no fundo do palco onde a Elephant's Memory os aguardava.

Lennon plugou sua guitarra num amplificador, tocou um acorde e ajustou o volume. Ato contínuo, virou-se para a banda e contou até quatro, batendo com o pé. A entrada da bateria de Rick Frank e do saxofone plangente de Stan Bronstein foram a senha para as palavras iniciais de sua balada-blues: *Woman is the nigger of the world... yes, she is: think about it.*

A banda curtia os holofotes – Bronstein com suas frases musicais, Gabriel com seus solos de guitarra.

"Nós a insultamos todos os dias na TV", cantou Lennon.

Terminada a música, John desplugou sua guitarra e, junto com Yoko, desceu do tablado para se reunir a Cavett enquanto a banda tocava as últimas notas.

A reação, é claro, não foi a que os executivos da emissora tanto temiam.

"Como eu havia previsto, houve muitos protestos – contra o vergonhoso pedido de desculpas", lembrou Cavett anos depois. "Não me lembro de nenhum contra a canção."[5]

• • •

RON DELLUMS SABIA que a sua definição de *nigger* não costumava ser discutida em rede nacional de TV, muito menos por um Beatle.

"Eu nunca poderia imaginar que um cara como John Lennon usaria o termo para escrever uma música tão incrível", diz Dellums. "'Woman Is the Nigger of the World' é uma ideia poderosíssima."

Jogo de palavras

Dellums admite, com orgulho, que sua definição foi influenciada pela filosofia de Martin Luther King. Ideologia à parte, ele sabia ter tocado num ponto sensível das pessoas.

"Minha intenção ao escrevê-la não foi ser simpático", esclarece Dellums. "Foi uma tentativa de chamar a atenção da comunidade afro-americana e da sociedade em geral para uma questão muito séria: a de que precisamos nos mobilizar com base em interesses comuns muito bem fundamentados. Muitos de nós vivemos oprimidos na sociedade; mas, se nos unirmos, poderemos nos livrar dessa opressão."

Nascido em Oakland, em 1935, Dellums serviu no Corpo de Fuzileiros Navais dos Estados Unidos nos primeiros dias da integração da força, na década de 1950, antes de se formar pela Universidade da Califórnia em Berkeley, com a ajuda da GI Bill★ e de empregos diversos de meio-expediente. (Depois de se formar no Ensino Médio, teve recusada a sua solicitação de bolsa de estudos; em resposta, alistou-se nos Marines.) Dedicou-se ao trabalho social em psiquiatria e ao ativismo político até se eleger, em 1967, para a Câmara Municipal de Berkeley. Dois anos de mandato o qualificaram à disputa de uma cadeira no Congresso Nacional, elegendo-se em 1970 e permanecendo no posto por quase trinta anos. Em 1972, ajudou a criar a Bancada Negra do Congresso, formada por 13 membros da Câmara e do Senado. As mulheres eram igualmente sub-representadas, com apenas 15 cadeiras na 92ª Legislatura.

Dellums – e Lennon em sua letra – argumentava que os Estados Unidos de 1972 eram basicamente um mundo de homens

---

★ Nome informal da lei que assegurava aos veteranos da Segunda Guerra Mundial benefícios econômicos relativos a empréstimos imobiliários, abertura de novos negócios, gastos com educação e seguro-desemprego.

brancos. Mudanças – como sempre – devem vir de dentro e raramente são conquistadas isoladamente. O movimento feminista precisava ser redefinido tanto para os homens, quanto para as mulheres, e o movimento pelos direitos civis precisava de mais do que uma liderança negra.

"Martin Luther King não morreu pela libertação dos negros somente", diz Dellums. "Martin Luther King morreu lutando por uma sociedade igualitária. O movimento dos direitos civis, sob muitos aspectos, foi uma inspiração para todos os movimentos que surgiram nos anos sessenta."

Dellums diz que a redefinição da palavra *nigger* foi uma tentativa de mudar o modo como as pessoas a ouviam: "O termo *nigger* é historicamente utilizado para se referir aos negros de maneira pejorativa. Eu concluí que caberia a um negro redefinir a palavra, encará-la sob outro ponto de vista. O segundo objetivo era ajudar as pessoas a entender a necessidade de uma coalizão política: sozinhos – ou seja, os negros, somente – não poderíamos mudar o mundo."

A consciência comum poderia ser o primeiro passo; foi assim que o movimento pelos direitos civis deu à luz manifestações em defesa das liberdades individuais e outras, pelos direitos das minorias – direitos dos latinos, dos gays –, dos consumidores e defesa do meio ambiente.

"Um grupo de pessoas neste país se ergueu e disse: 'Basta! Temos que nos mobilizar por uma sociedade justa. Podemos organizar os negros, mudar os Estados Unidos, mudar o mundo'", conta Dellums. "Se você se incomoda com a palavra '*nigger*', junte a palavra 'oprimido'."

Segundo Dellums, a construção de uma perspectiva filosófica abrangente – com uma assumida pitada de escândalo para chamar a atenção – foi um método arriscado. Os que tomavam essa via podiam ser facilmente repudiados; poucos eram capazes de transmiti-la com êxito ao grande público.

"É aí que entram John e Yoko", diz Dellums. "Eles usavam sua autenticidade e celebridade para levantar todo tipo de questões. Eu apreciava e respeitava isso porque, no final das contas, era assim que as pequenas contribuições poderiam resultar em grandes mudanças na situação geral."

• • •

UMA DAS ÚLTIMAS obsessões de J. Edgar Hoover, a cruzada pela expulsão de John Lennon, é um adequado posfácio à sua carreira de diretor do FBI. O caso é fantasmagoricamente similar ao de outro artista muito popular e politizado. Arrolado por Hoover como provável comunista durante o macarthismo, o ator britânico Charlie Chaplin – que já na década de 1920 fora classificado pelo então diretor-assistente de "bolchevique de salão" por causa de suas alianças com cabeças consideradas dissidentes – teve negado pelo INS o seu visto de reentrada depois de uma viagem a Londres para o lançamento de *Luzes da Ribalta*, em 1952, permanecendo exilado até 1972, quando ganhou um Oscar honorário.

As similaridades entre os dois casos não passaram despercebidas pela mídia. "Sombras do Fiasco Charlie Chaplin", observou o *New York Times*, "pelo qual o país acaba de se desculpar."[6] Um círculo cada vez maior de apoiadores saía em defesa de Lennon. Em maio, o diretor do Metropolitan Museum, Thomas Hoving, revelou ao jornal que se Lennon "fosse um pintor, estaria no Metropolitan, devidamente exposto numa parede". O reverendíssimo Paul Moore Jr., bispo da Igreja Episcopal de Nova York, disse que tivera a oportunidade de conhecer os Lennon e que "os receberia de bom grado e de braços abertos em Nova York".[7]

As audiências de maio no INS tiveram testemunhos presenciais em favor de Lennon, dentre eles o de Dick Cavett. Em seu livro *Talk Show*, Cavett não apenas descreve a sua passagem pelo tribunal, como discute, retrospectivamente, as chances contra a permanência de Lennon nos Estados Unidos.[8] Cavett lembra um inquietante trecho das infames gravações do Salão Oval: "Numa das fitas de Nixon, pode-se ouvir o capanga e bajulador do presidente, H. R. Haldeman, falando ao chefe – um ignorante em matéria de cultura popular – sobre a imensa popularidade de Lennon: 'Esse cara pode decidir uma eleição.'"[9]

Colocado sob suspeita por Washington depois do debate sobre o Vietnã, Cavett sabia do risco em potencial de apoiar um alvo federal. Não muito depois das aparições de Lennon em seu programa, o Fisco auditou toda a sua equipe. Relatos similares garantem que Nixon "manejou ilegalmente o Fisco como arma – e arruinou algumas vidas", diz Cavett.

Viver sob constante vigilância, com o telefone grampeado e agentes federais em sua cola, tornou-se algo corriqueiro para Lennon e seus parceiros, incluindo os membros da Elephant's Memory.

"Eu os via em meu edifício o tempo todo", diz Van Scyoc. "Aquilo dava nos nervos, mas não nos impedia de aprender novas músicas, de fazer nosso trabalho como banda de apoio e de deixar John satisfeito."

O histórico da banda com Jerry Rubin e outros espíritos radicais os havia acostumado a certa dose de patrulhamento. Mas o flagrante interesse por John Lennon era de fato bem inquietante.

"Nós conversávamos, vez ou outra, sobre a possibilidade de cada um de nós ter uma ficha", diz Ippolito. "Mas não passava disso. Hoover e Nixon estavam tentando tirá-lo do país. Nixon era um

Jogo de palavras

maníaco; dava para imaginar o que se passava em sua cabeça ao saber que John Lennon poderia influenciar a eleição em favor dos democratas."

• • •

"CONSIDERANDO QUE ESTE não é um Tribunal Federal, eu não sei se é o caso de pedir clemência", disse Lennon ao juiz Ira Fieldsteel na conclusão das audiências do INS em 17 de maio. "Mas se for, eu gostaria de merecê-la."[10]

As questões suscitadas – obrigar uma mulher a escolher entre o marido e a filha, exilar de modo discriminatório um artista de destaque – eram agora temas nacionais. Estaria o governo sendo cruel? Os editorialistas questionavam se Lennon não estaria sendo alvo de uma vendeta pessoal. "Tirem suas Mãos Desse Beatle", exigiu o *Washington Daily News*, observando que os agentes dos INS "devem ter coisa mais importante a fazer" do que deportar John Lennon. Havia mais de 1 milhão de imigrantes ilegais nos Estados Unidos, "muitos tirando empregos de cidadãos norte-americanos, cometendo crimes e sobrecarregando a Previdência Social; o INS faria melhor indo atrás deles do que do sr. Lennon".[11]

No fim de maio, o National Press Club, de Washington, acolheu uma entrevista coletiva organizada por Ken Dewey – membro da Comissão do Estado de Nova York para Assuntos Culturais – em nome do Comitê Nacional por John e Yoko. Dewey deu uma declaração denunciando abertamente o abuso de autoridade do Executivo: "Se, como sugere a quantidade crescente de indícios, esse casal está tendo dificuldades por sua franca e sincera oposição não violenta à Guerra no Vietnã e assuntos relacionados, é imperioso que levantemos sérias questões sobre o mau uso do poder governamental."[12]

As especulações a respeito das motivações do governo variavam; a *Rolling Stone* era a que chegava mais perto da verdade: tratava-se de uma "perseguição seletiva". O Beatle George Harrison também tinha uma prisão por maconha em seu currículo, falava de paz, abraçava outras culturas e religiões e nem por isso deixava de trabalhar nos Estados Unidos e viajar livremente. O roqueiro canadense Neil Young – junto com seus parceiros Crosby, Stills e Nash – havia gravado em 1970 uma resposta a Ken State, "Ohio", cuja letra pedia explicitamente a saída do presidente, mas não havia qualquer indício de que o governo Nixon interferisse em seus planos de viagem. Talvez fosse uma questão pessoal. A *Rolling Stone* achava, em poucas palavras, que o governo estava se curvando à pressão conservadora do Bible Belt,★ onde Lennon não era particularmente bem-visto, expressa em "cartas e telefonemas de um bando de velhotas bisbilhoteiras".[13]

Aos círculos jurídicos, as audiências apresentaram questões procedimentais e éticas que exigiam análise. Grace Lichtenstein, colunista do *New York Times*, lembrou as plangentes alegações de Yoko dirigidas ao tribunal. "Os senhores estão me pedindo para escolher entre meu marido e minha filha?", questionou Yoko. "Não consigo acreditar que sejam capazes de pedir a um ser humano algo assim." Lichtenstein, como muitos outros, se perguntava por que tanto rigor por parte do governo: "Mesmo que não fossem John e Yoko, esse caso exigiria considerável atenção como um desrespeito às leis de imigração de nosso país."[14]

O esforço para deportar John Lennon fora entregue a uma máquina burocrática que, no pior dos casos, o transformaria num processo dolorosamente lento. As audiências terminavam de maneira

---

★ Designativo da vasta região do Meio-Oeste dos Estados Unidos, onde é mais forte a presença do conservadorismo cristão, em suas várias denominações.

inconclusiva: o juiz Fieldsteel concedeu a Leon Wildes prazo até 1º de julho para apresentar moções e alegações adicionais. Veteranos observadores da justiça eram de opinião que, mesmo que Fieldsteel decidisse pela deportação em julho, Wildes teria a opção de apelar, provocando uma nova rodada de audiências. O *New York Times* explicou: "As apelações podem prolongar esse caso por meses, talvez anos, caso em que os Lennon, ironicamente, estariam obrigados a permanecer em território nacional."

• • •

SE OS INVESTIGADORES queriam ficar de olho em Lennon, bastava ler os jornais, que ofereciam inúmeras pistas de seu paradeiro e dos "radicais" que pululavam ao seu redor, ou seja, dos adversários declarados do presidente Nixon. Lennon parecia ignorar os verdadeiros motivos da perseguição que lhe era movida – impedi-lo de se apresentar em shows destinados a apear o presidente de seu cargo. Ele estava convencido de que seus problemas com o Green Card provinham de suas declarações a favor da paz e contra a guerra.

Essa crença não o silenciou. Em 19 de maio, dois dias depois de pedir clemência ao tribunal, Lennon participou de uma vigília na Duffy Square, uma das dezenas levadas a cabo no país naquele dia, organizadas, segundo o FBI, "por grupos pacifistas que pediam a completa retirada das tropas norte-americanas da Indochina".[15]

Um número crescente de comícios era apoiado por uma população mais ampla e influente do que os hippies: figuras notórias, como Joseph Papp, Arthur Miller e William Styron, apoiavam um grupo chamado Coalizão Nacional de Ação pela Paz, que reunia "políticos locais e lideranças sindicais" arrolados em convocações de página inteira publicadas nos jornais.

Enquanto Lennon se escondia à vista de todos e a estratégia da deportação rápida fracassava, as táticas de vigilância secreta prosseguiam. Mesmo unindo forças e estratégias, o FBI e o NYPD não conseguiam colocar um baseado na mão de Lennon nem algo que parecesse suficiente para uma prisão por posse de drogas – como relatado naquele mês: "O Departamento de Polícia de Nova York informou que não conseguiu abrir um caso de narcóticos contra os Lennon. O NYPD segue trabalhando." Um plano alternativo foi provar que a acusação de Yoko contra seu ex-marido – o sequestro de Kyoko – era falsa, o que propiciava um processo por perjúrio. Destacaram-se agentes para descobrir o paradeiro de Tony Cox e da menina, mas essa linha de investigação foi logo abandonada.

O novo diretor do FBI parecia mais cauteloso do que o seu antecessor. Sem afirmar abertamente que alguma lei fora transgredida – pelo menos não num pedaço de papel que pudesse ser lido –, Gray recomendou aos seus agentes, em 24 de maio, toda cautela com o envolvimento da agência em assuntos que diziam respeito ao INS, como localizar Tony Cox e Kyoko e incentivar a prisão de Lennon por posse de drogas.

"Tendo em vista a possibilidade de processos", escreveu Gray, "investigações ativas de agentes do FBI poderiam resultar em testemunhos compulsórios nada interessantes e potencialmente adversos para a agência".

Talvez fosse a vez de o governo sucumbir à paranoia. No verão de 1972, as suspeitas monopolizavam as atenções da Casa Branca e de toda Washington. Apesar da declaração de Lennon, pela TV, de que não iria à convenção de agosto, havia em Capitol Hill quem se apavorasse com essa possibilidade. Em 5 de junho, Gray alertou o escritório de Miami de que Lennon estava "planejando um grande show de rock durante a convenção republicana, a ser realizado em frente ao local do evento".

Jogo de palavras

O que fazer com Lennon era, no entanto, apenas um dos inúmeros problemas tidos como prioritários pelos fâmulos de Nixon. Investigadores federais, ex-agentes da CIA e advogados não estavam dispostos a tolerar nenhum tipo de desordem provocada por líderes radicais. Um grupo que se dizia incluir G. Gordon Liddy propôs a ideia ainda mais radical de sequestrar os líderes do protesto e levá-los para um deserto mexicano enquanto durasse a convenção. Áulicos como Jeb Magruder e John Ehrlichman falavam de uma proposta para sequestrar e esconder Jerry Rubin e Abbie Hoffman. Foi o procurador-geral John Mitchell quem rechaçou a estratégia da prisão ilegal.

Contudo, o Caso John Lennon logo perderia boa parte de seu interesse para a imprensa, o público e a Casa Branca. Questões bem mais relevantes os aguardavam: em vez de sequestrar os hippies, G. Gordon Liddy e E. Howard Hunt enviariam uma equipe de arrombadores aos gabinetes da sede nacional do Partido Democrata, no hotel Watergate.

• • •

OS MÚSICOS DA Elephant's Memory testemunharam um rito de passagem singular na carreira de John Lennon – a gravação de um fracasso de crítica e de público. *Some Time in New York City* veio a ser exatamente aquilo que os críticos e o governo Nixon adoravam odiar. A capa do LP duplo, lançado em 12 de junho, foi suficiente para aborrecer os inimigos de Lennon em Washington: ilustrada e diagramada como primeira página de um jornal, trazia uma imagem de Richard Nixon dançando com o presidente Mao, ambos aparentemente nus. Os nomes das canções faziam as vezes de títulos das manchetes, dentre as quais, em lugar de destaque, "Woman Is the Nigger of the World", em meio a trocadilhos e piadas, como uma pequena foto do produtor Phil Spector legendada *To know him is to love him* e uma referência ao slogan do *New York Times*, *Ono News That's Fit to Print*.

O primeiro disco do álbum trazia o trabalho de estúdio de Lennon e os Elefantes, dez faixas no total, incluindo "John Sinclair", "Attica State", "Luck of the Irish", "Angela" e "New York City". O segundo disco – *Free Live Jam LP: John & Yoko and Star-Studded Cast of Thousands... Yours at No Extra Cost* – trazia gravações de uma apresentação de junho de 1971 em Fillmore East com a banda Mothers of Invention, de Frank Zappa, e de um show da Plastic Ono Band de 1969 no London Lyceum. As faixas incluíam "Cold Turkey", de John Lennon, e "Don't Worry Kyoko", uma longa música cantada por Yoko.

Terá sido o seu forte tom político o obstáculo ao sucesso comercial do álbum? Ou será que foi porque havia Yoko de mais e Lennon de menos? Talvez os temas fossem demasiado específicos – os infortúnios de um maconheiro, a prisão de uma ativista negra, a política britânica na Irlanda do Norte; talvez o fato de Lennon não ser o único autor: o álbum era o trabalho de "John & Yoko/Plastic Ono Band com a Elephant's Memory e a Invisible Strings", esta uma divertida referência à muralha de som de Phil Spector. Ao contrário dos álbuns pós-Beatles anteriores de Lennon, *Plastic Ono Band* e *Imagine*, para os quais ele próprio compusera e apresentara a maior parte do material, *Some Time* concedia igual espaço ao trabalho de Yoko: das dez canções originais do álbum, apenas duas – "New York City" e "John Sinclair" – eram exclusivamente creditadas a John Lennon. Três eram composições de Yoko – "Sisters, O Sisters", "We're All Water" e "Born in a Prison", e o restante, da parceria Lennon & Ono.

Embora, naquela época, as receitas dos LPs fossem mais importantes que as dos compactos, as faixas principais eram fundamentais para o seu êxito comercial. Ao insistir que "Woman Is the Nigger of the World" fosse a faixa principal do álbum, Lennon prejudicou suas perspectivas comerciais.

Teria sido diferente se outra canção tivesse sido escolhida como faixa de abertura? Gary Van Scyoc diz que Lennon ficou duplamente frustrado. Primeiro, com as farpas da crítica; segundo, com a exclusão de "Woman Is the Nigger of the World" dos meios de comunicação de massa.

"Houve várias coisas positivas na época", diz Van Scyoc sobre o álbum, mas a escolha da primeira faixa pode ter sido um obstáculo intransponível. "Eu me lembro vagamente de ter dito: 'Cara, eu tenho dúvidas sobre a primeira faixa.' Mas ele estava decidido. Moral da história: quando eles resolvem não tocar um disco, fodeu. John ficou arrasado; isso era novidade para ele."

Lennon esperava alguma resistência ao conteúdo político do álbum. Sabia também que os críticos iam cair em cima dos vocais de Yoko Ono, solo em várias faixas. Por suas letras e músicas, *Some Time* obteve as mais duras críticas que Lennon jamais recebera. Stephen Holden, da *Rolling Stone*, disse que o álbum tinha o poder de liquidar uma carreira menor: "O que se pode dizer deste começo de suicídio artístico? Emitir um alerta e tentar destacar o que ele tem de positivo?"[16]

Foi o que Holden fez. Arrolou qualidades, como o vocal de Lennon, "poderoso como sempre", e fez um raro elogio à vocalista: "Vale a pena dar uma escutada" nos "miados estridentes de Yoko" em "We're All Water", escreveu Holden. Na coluna dos positivos, ele colocou também a atuação da Elephant's Memory, "uma fantástica banda de rock and roll com um som duro e rascante dos anos cinquenta (...) a parte mais forte do álbum. Só a Elephant's Memory sai incólume, [com] acompanhamentos musicais marcados e concisos, perfeitamente ajustados às vozes dos Lennon".

Mas o conteúdo das músicas recebeu duras críticas: "Declarações políticas didáticas", na opinião de Holden, que não abordavam apropriadamente os problemas em questão. Como Lennon já havia assinalado, as pessoas queriam que ele protestasse, mas também que ditasse o método e os termos do protesto. "As músicas são superficiais e pobres, e as letras, pouco mais do que rimas medíocres, condescendentes com as causas e os indivíduos que pretendem exaltar", atacou.

As críticas não foram, no entanto, unânimes. Alguns até encontraram o que admirar, particularmente entre os nova-iorquinos. Robert Christgau, do *Newsday*, disse que — à parte a qualidade da música — o álbum apoiava a pretensão de Lennon de obter residência nos Estados Unidos:[17]

> O novo álbum de John Lennon (...) é a prova conclusiva de que o ex-Beatle merece ficar nos Estados Unidos. Meu principal indício é um verso da canção "Attica State": "Venha se juntar ao Movimento." Não resta dúvida de que o Departamento de Estado, que insiste em tentar deportá-lo, acha que isso faz de Lennon um subversivo; mas eu lhes pergunto: quem senão um autêntico nova-iorquino seria capaz de exibir tanto descaro?

Questionado se o esforço de Lennon valia a pena, Christgau repercutiu o sentimento, expresso por Rennie Davis e outros, de que os anos dourados da revolução haviam ficado para trás: "Aos meus amigos do Movimento, esse verso dá a impressão de que não existe Movimento algum", observa Christgau. "Nós queremos o mundo, mas nos conformamos com George McGovern."

Os críticos queriam gostar de Lennon, aplaudir a voz rebelde tão querida de uma geração, mas havia em desenvolvimento a visão cínica de que os salvadores de uma geração não viriam embrulhados de fábrica em forma de vinil. Nas palavras de Christgau: "A menos que o negócio da música se torne ainda mais estranho do que já é, a derrubada violenta do governo dos Estados Unidos dificilmente virá em som quadrafônico. Convencer os adolescentes a se rebelarem já não significa grande coisa. Os jovens de hoje estão se voltando para outros grupos de interesse, como os sindicatos."

Lennon foi exaltado por correr riscos, mas Christgau estava entre aqueles que achavam que o álbum não atingia seus grandiosos objetivos. As músicas eram "mais diretas", o que também significava que eram "mais arriscadas. Elas tratam as questões de um modo tão simplista que a gente fica a se perguntar se os artistas acreditam no que estão dizendo. Desta vez, John parece ter mergulhado rápido demais".

Lançando mão do híbrido de agitação e propaganda artística, Christgau foi direto ao assunto: "Agitprop é uma coisa. Agitprop desatinado é outra. E agitprop que não consegue atingir o seu público não é absolutamente nada. Dado que o forte de Lennon sempre foi a comunicação de novas verdades ao grande público, essa possibilidade é muito dolorosa. Desta vez ele não está explorando o seu carisma: o está pondo em risco."

À parte o álbum, Christgau usou a oportunidade para criticar a breve adoção, por Lennon, do trovador favorito do Washington Square Park e questionou se algumas posturas típicas do Village poderiam ter afetado a sua arte: "Pior do que elogiar David Peel é gravá-lo. Mas imitar a sua irrefletida ortodoxia hippie é simplesmente péssimo."

Os membros da Elephant's Memory disseram que a receptividade ao álbum – rejeição, em alguns casos – foi, para Lennon, uma ducha de água fria.

"O problema era que Lennon ainda estava muito naquela de ex-Beatle, com muita coisa que provar", diz Adam Ippolito. "Ele ainda tinha necessidade de fazer sucesso, num sentido muito mais básico e amplo que o financeiro."

Nos Estados Unidos, o álbum *Some Time in New York City* chegou, no máximo, ao 48º da parada da *Billboard*; "Woman Is the Nigger of the World" chegou ao 58º lugar, um modesto sucesso para a maioria dos músicos, mas uma grande decepção para Lennon. Ippolito diz que as críticas e o fracasso nas paradas de sucesso foram devastadores para John e Yoko, pondo um ponto final num período de exploração artística e política.

"Eles se esconderam por pelo menos uma semana quando a coisa veio à tona", diz Ippolito. Os Elefantes – e os líderes da Nova Esquerda – não tinham a menor ideia do que Lennon faria em seguida.

CAPÍTULO 6

"DA PRÓXIMA VEZ A GENTE ACERTA"

"Eles saíram em campo para pegá-lo. Ser seguido ou grampeado é uma coisa assustadora."
– PAUL KRASSNER

SE ALGUÉM PRECISAVA de umas férias no verão de 1972 eram John Lennon e Yoko Ono. Em São Francisco, Lennon encontrou um lugar parecido com sua agora querida Lower Manhattan. Ele queria acreditar que, tal como em Nova York, em São Francisco o casal poderia viver sua celebridade com pouco ou nenhum alarde. Buscaram, portanto, um apartamento que fosse a extensão de seu loft do Village na Costa Oeste. "Passávamos o dia na rua, caminhando pela cidade, sem sermos incomodados", contou Lennon.[1]

Certo dia do fim de julho, encontraram-se com o jornalista underground Paul Krassner para almoçar. Krassner fora apresentado a Yoko vários anos antes e estivera com os Lennon em Syracuse por ocasião da abertura do show de Yoko no Emerson Museum, em setembro de 1971. Tinha muitas afinidades com Lennon, a principal delas um divertido nonsense compensado e guiado por uma inteligência cheia de compaixão. No começo da década de 1960, Krassner passara do jornalismo local ao ativismo comunitário: entrevistou um médico que não apenas fazia abortos, como criou um serviço clandestino por indicação. Depois de publicar a autobiografia de

Lenny Bruce, *How to Talk Dirty and Influence People* [*Como falar palavrões e influenciar pessoas*], deu asas a seu lado teatral fazendo comédia solo. Dentre suas amizades, figuravam algumas das figuras mais interessantes e infames da época: tomou LSD com Groucho Marx, atuou com os Merry Pranksters★ de Ken Kesey, lançou a *Realist*★★ e rivalizou com Jerry Rubin e Rennie Davis na campanha contra Nixon. Foi também um dos fundadores do Partido Internacional da Juventude e suposto criador do termo "yippie".

Nesse mesmo verão de 1972, o sentimento anti-Nixon ganhou impulso com a descoberta da invasão, em junho, dos escritórios do Partido Democrata no hotel Watergate. Jornalistas de todo o país acompanhavam de perto o desenvolvimento do caso aberto por Woodward e Bernstein, perguntando-se até onde, até que nível da hierarquia, levaria aquele escândalo: comentava-se que a Casa Branca utilizara contas secretas para financiar a operação. As mais recentes revelações incluíam o envolvimento de ninguém menos do que o ex-procurador-geral (equivalente ao nosso ministro da Justiça) John Mitchell, cuja efusiva esposa, Martha, tornara-se figurinha fácil na mídia. Dizia-se que foi ela quem pôs em circulação o apelido de Nixon, "Tricky Dick", e que chamava os manifestantes contrários à Guerra do Vietnã de "revolucionários russos".

Martha tinha histórias ainda mais picantes para contar na onda do escândalo de Watergate, e a repórter Mae Brussell, da *Realist*, explorou uma lenda notável da boataria dos escalões políticos da capital: "Por que Martha Mitchell foi sequestrada?"★★★

★ Grupo precursor da contracultura norte-americana, adepto das drogas alucinógenas, formado em 1964, ao redor do escritor Ken Kesey.
★★ *The Realist*: revista satírica criada por Paul Krassner em 1959.
★★★ Martha Mitchell (que desapareceu convenientemente por algum tempo) era casada com John Mitchell e ficou famosa por telefonar para jornalistas fazendo comentários indiscretos sobre questões políticas, o que acabou resultando em seu divórcio.

O relato de Brussell se juntou ao crescente coro de perguntas sobre Nixon e sua trupe. Cada revelação aguçava a sensação de perigo entre aqueles, como os yippies, que estavam na linha de fogo. Krassner achava que Lennon deveria saber algumas coisas que o deixariam irado com a Casa Branca, um governo ávido por interpretar as leis em seu próprio benefício. Enquanto o artigo aguardava na gráfica a ocasião de ser publicado, Krassner mostrou a Lennon as provas tipográficas do artigo de Brussell.

Krassner tinha uma história para contar, mas, como costumava suceder aos editores independentes, não dispunha de capital. Depois de expor a Lennon o problema, durante o almoço, foram a um banco sacar os 5 mil dólares de que precisava para acionar as rotativas. Krassner nunca escondeu o motivo de ter trazido as provas a Lennon, um cara sabidamente propenso a botar dinheiro em empreendimentos como a *Realist*.

Talvez Lennon simpatizasse com ele por ser também suspeito; não era novidade que ele tinha um fraco por radicais sob vigilância federal, o que era certamente o caso de Krassner. Em sua ficha no FBI – obtida anos depois com base na Lei de Liberdade de Informação – havia uma carta de 1968, enviada à revista *Life* em resposta a um perfil favorável a ele e à *Realist*. Krassner – dizia o autor da carta – não era o simpático cruzado retratado pela *Life*: "Classificar Krassner como uma espécie de 'rebelde social' é excesso de bondade. Ele é um maluco, total e irrestrito. E no que tange às supostas virtudes intelectuais da *Realist*, pode-se encontrar prosa de muito melhor qualidade nas paredes de qualquer banheiro público."[2]

A carta vinha assinada por *Howard Rasmussen, Brooklyn College*. Anos depois, o *Los Angeles Times* revelou que "Rasmussen" era um agente do FBI. Sempre atento a frases de efeito, Krassner intitulou a sua autobiografia *Confessions of a Raving Unconfined Nut* [*Confissões de um maluco total e irrestrito*].

E o que era mais grave: enquanto a esquerda tinha um monte de gente que não representava qualquer ameaça real ao sistema – delírios de grandeza contracultural à parte –, isso pouco importava a um governo corrupto e disposto a abusar de sua autoridade para mantê-las quietas. Krassner diz que o confronto Nixon-Beatle resultou de uma combinação de dois fatores: o extremo abuso de poder por parte do Executivo e uma figura cultural de rara, senão singular, estatura.

Lennon confidenciou a Krassner que talvez tivesse ultrapassado os limites, que a sua contestação aberta talvez tivesse ido longe demais. É impossível dizer se os teóricos da conspiração estavam corretos sobre a disposição do governo Nixon de usar "todos os meios necessários" para silenciar seus oponentes, mas com certeza havia muita gente paranoica e Lennon tinha bons motivos para temê-lo.

"Conversamos sobre os músicos que morreram prematuramente", diz Krassner. As recentes tragédias de Janis Joplin, Jim Morrison e Jimi Hendrix ainda estavam frescas na memória da comunidade do rock. "Eu mencionei os rumores de que eles teriam sido assassinados pela CIA, ou coisa assim, e ele disse: 'Que nada. Eles eram autodestrutivos. Todos eles.'"

Contudo, as últimas palavras de Lennon naquele encontro deixaram em Krassner um arrepio que perdurou até muito depois da despedida: "Ele disse: 'Se alguma coisa acontecer a mim e a Yoko, esteja certo de que não foi um acidente.'"

• • •

"VOCÊ ESTÁ MUITO longe de Nova York", disse Geraldo Rivera, e lançou uma pergunta sob medida para John Lennon: "O que o trouxe aqui?"

"Um carro", respondeu Lennon, com a maior cara de pau. Fez uma pausa e caiu na gargalhada com Rivera; a tirada lembrava a resposta que dera, oito anos antes, à pergunta sobre como havia encontrado os Estados Unidos: "Virei à esquerda na Groenlândia."

John e Yoko passaram a maior parte do dia 5 de agosto de 1972 curtindo uma de turistas, ao lado de Rivera, um amigo dos tempos de Nova York.[3] Eles se conheceram no Village e se viam com frequência quando o então repórter do *Eyewitness News*, da WABC, cobria o caso INS e a odisseia de Yoko em busca de sua filha. Estar juntos na Costa Oeste era, para Rivera, uma chance de conhecer um pouco da cidade em boa companhia e recolher, direto na fonte e sem restrições editoriais, quaisquer novos desdobramentos.

Falou-se muito a respeito. A situação de Lennon junto à Imigração continuava incerta, assim como o paradeiro da filha de Yoko. Igualmente incertas eram as opções profissionais de Lennon: além da mágoa pelas reações negativas a *Some Time in New York City*, quaisquer planos para uma turnê de apresentações – musicais, não políticas – dependiam da obtenção do visto.

Lennon tinha claro o que *não* planejava fazer naqueles dias na Califórnia: "Não queremos nos meter em política", disse. "Viemos para cá para ficar longe dela."

Contudo, os problemas não lhe saíam da cabeça durante os passeios do casal ao lado de Rivera e de um cinegrafista. Andaram nos bondes – proporcionando a dezenas de passageiros uma recordação para toda a vida –, caminharam ao longo do cais, percorreram de carro a montanha-russa das ruas da cidade e pararam no mirante de uma colina para apreciar a vista da ponte Golden Gate. Era um ótimo dia: céu limpo e uma brisa marinha que agitava as lapelas da jaqueta de Lennon e o cabelo que lhe saía por debaixo da boina. Depois de vários dias passeando pela Costa Oeste e de um fim de semana na casinha à beira-mar de Krassner, instalaram-se no hotel Miyako, onde Rivera e sua minúscula equipe gravaram, de improviso, segmentos para serem levados ao ar quando houvesse oportunidade.

Sempre ao lado de seu violão, Lennon puxava itens da musicoteca que acumulara em sua mente ao longo da vida. Cantou os dois primeiros versos da apropriadíssima "Fools Like Me", um lamento de amor incompreendido de Jerry Lee Lewis: "Todo mundo me diz que o amor é cego/ talvez seja, mas eu me recuso a acreditar."* Atacou "Down in the Caribbean", de Mitchell Torok, e alguns compassos de "Peggy Sue", de Buddy Holly. Geraldo quis saber sobre suas influências e gostos pessoais, que pareciam provir de fontes bem variadas. Eram, de fato, muitos estilos, mas a maior parte da época em que Lennon descobriu sua paixão pela música.

"Eu não sei os títulos", disse Lennon. "Conheço as canções, mas não sei se é essa ou aquela. Todo mundo lembra suas favoritas. Estas são [da época] da minha primeira banda."

Para Lennon, tudo acabava em música. Suas incursões pelo ativismo político eram apenas um aspecto de um artista multifacetado, que havia triunfado em sua arte principal. Rivera se perguntava aonde as musas de Lennon o levariam agora.

"Qual é a ideia agora, cara? O que você realmente quer fazer?", quis saber ele. "Você já fez praticamente tudo... os Beatles. O que está faltando?"

"Queremos juntar nossas cabeças e criar uma nova forma", disse Lennon. "Pode ser cinema, pode ser qualquer coisa. Nós somos

---

* *Everybody tells me love is blind/ maybe so but I refuse to see.* "Folks Like Me", de Jerry Lee Lewis.

instinto, seguimos o vento. Como as velas de um barco, quando o vento nos pega, a gente deixa ele nos levar, sacou?"

Só que aquele barco estava parado no porto, ancorado em audiências e pendências judiciais. Quase resignado com a deportação, Lennon se preocupava, mais que tudo, com as limitadas opções de Yoko: os tribunais lhe haviam concedido a guarda da filha, mas o ex-marido, Tony Cox, podia se dar ao luxo de esperar, pacientemente, a burocracia da deportação; um calvário que ia levando o casal a um estado de enorme fadiga e descrença.

"É inacreditável o que está acontecendo com a gente", falou Lennon. "Não dá para saber o que o governo pretende. O juiz disse que temos que criar a menina nos Estados Unidos – o que nos deixou muito satisfeitos. Nós adoraríamos ficar por aqui."

Rivera perguntou-lhe, então, se ele continuaria a participar ativamente do movimento contra a guerra, caso lhe fosse concedida a residência.

"Eu não sei definir 'ativamente'", respondeu Lennon. "Eu sempre veria com bons olhos qualquer oportunidade de ajudar e decidiria os prós e os contras do Movimento, ou da causa. Levamos tudo em consideração. Depende do trabalho a ser feito, entende?"

Trabalho a ser feito era justo o que Rivera tinha em mente – um projeto sobre o qual haviam conversado durante meses. Rivera era um repórter investigativo, fervoroso ativista e cruzado da subjetividade – além de ter tido um início de carreira nada auspicioso. Depois de se formar na Faculdade de Direito do Brooklyn em 1969, foi investigador do NYPD e conselheiro de um grupo militante porto-riquenho, os Young Lords. A convite da TV, tornou-se repórter "ao vivo" da afiliada da ABC em Nova York. Em dezembro de 1971, começou a investigar acusações graves contra um hospital da cidade de modo nada convencional: segundo a revista

Atlantic, Rivera "usou uma chave roubada para investigar a Escola Estadual Willowbrook para Deficientes Mentais. Sua reportagem sobre o abandono dos internos e os maus-tratos a que eram submetidos deu origem a mudanças na legislação estadual e a novos padrões de tratamento de mentalmente incapazes em todo o país".[4]

A reportagem sobre Willowbrook, exibida em janeiro de 1972, resultou em mudanças quase imediatas para seus pacientes e melhorias de longo prazo para um número incalculável de almas em sofrimento. A denúncia, que valeu a Rivera o Prêmio Peabody, colocou-o no mapa da teledifusão nacional.

Mas havia mais por fazer. A reportagem sobre Willowbrook levou à ideia de um show beneficente. A proposta de Rivera – estabelecer uma ligação "um a um" entre os nova-iorquinos e os internos de Willowbrook – era perfeitamente condizente com o que Lennon vinha tentando fazer. A chance de aportar à causa publicidade e recursos era exatamente o que estivera procurando: ajudar um evento beneficente local que não gerasse controvérsia e fazer o que mais queria e gostava: subir ao palco e tocar rock and roll por uma boa causa.

Segundo Larry Kane em seu *Lennon Revealed* [*Lennon revelado*], Rivera disse que Lennon, logo depois de ter assistido às reportagens na TV, ficou louco para ajudar, e com mais do que uma aparição meramente simbólica no palco.[5] Lennon "não era uma celebridade que se limitava a emprestar seu nome a uma causa", garantiu. "John e Yoko se sentiam cidadãos adotivos de Nova York e queriam dar à cidade algo em troca. John era extremamente sensível às necessidades dos outros."

• • •

LENNON ESTAVA AUSENTE de corpo, mas presente em espírito quando a Convenção Nacional do Partido Republicano foi aberta em Miami no dia 21 de agosto. Uma mudança de última hora fez com que democratas e republicanos transferissem suas convenções para Miami: uns disseram que a pressão hippie obrigou o GOP* a sair de San Diego; outros, que uma doação da ITT, na Flórida, preparou o caminho. A convenção democrata, em julho, lançou o nome de George McGovern, uma candidatura cuja plataforma talvez demasiado progressista, incluindo o direito ao aborto e a liberdades para os gays, parecia desde a origem destinada ao sacrifício. Mas, apesar do considerável número de ativistas presentes no Flamingo Park, o espetáculo principal estava programado para o mês seguinte: a convenção republicana.

A convenção de agosto atraiu as celebridades esperadas, umas para condenar o governo Nixon, outras para apoiá-lo, separadas, porém, por claras linhas geracionais e ideológicas: no lado contrário à guerra, Shirley MacLaine, Warren Beatty e, recém-chegada do Vietnã, Jane Fonda; no lado favorável, Jimmy Stewart, Frank Sinatra e Sammy Davis Jr.

As profecias apocalípticas envolvendo a convenção republicana acabaram não se cumprindo, mas isso não significa que não tenha havido incidentes importantes. Conta-se que apoiadores do presidente cuspiram na cara de lideranças do grupo Veteranos do Vietnã Contrários à Guerra, dentre eles Ron Kovic, um cadeirante mutilado de guerra cuja autobiografia, *Nascido em Quatro de Julho*, de 1976, seria levada às telas pelo também veterano Oliver Stone em 1989. Mais de duzentos manifestantes foram presos depois que a polícia de Miami – que até então se acreditava mais propensa

---

* Grand Old Party ("Partidão"): epíteto muito usado nos Estados Unidos para designar o Partido Republicano.

a negociações do que a táticas de assalto – lançou bombas de gás lacrimogêneo para acabar com o que considerava ser um pequeno tumulto. Hunter S. Thompson e Andrea Mitchell, da *Rolling Stone*, foram atingidos por suspeita de estarem resistindo à prisão.

Tal como presumiam a Casa Branca e o FBI, Jerry Rubin e Abbie Hoffman foram vistos no local da convenção, fingindo-se de repórteres a serviço da revista *Popular Mechanics*. Mas as palavras "você está preso" não foram dirigidas aos yippies de quem mais se esperavam problemas. Além de ficar de olho em Jane "Hanoi" Fonda, o FBI providenciou para que seus agentes em Miami descobrissem quais dos líderes radicais mais conhecidos estariam em condições de criar confusão.

Isso incluía John Lennon, que, no entanto, não passou de uma presença esperada por investigadores decididos a encontrar motivos para deportá-lo. Os esforços para prendê-lo por posse e uso de narcóticos haviam fracassado; ou Lennon vivia "limpo", livre das drogas, ou os policiais de Nova York pouco fizeram para ajudar os federais.

Para auxiliar os agentes sulistas a identificar Lennon, distribuiu-se na convenção um memorando contendo a sua descrição física e uma observação assinalando que sua prisão por posse de drogas poderia ser útil a uma causa federal quase perdida: "O INS de Nova York, que tem um caso pouco sólido de deportação de John Lennon por posse e uso de narcóticos na Inglaterra, informou à agência que se o elemento for preso nos Estados Unidos por posse de narcóticos, a sua imediata deportação será muito mais provável."[6]

Um cartaz do tipo "Fique atento" fora distribuído às agências de segurança locais, com o nome John Winston Lennon no cabeçalho, o perfil de praxe – inglês, branco, aproximadamente 1,80m de altura, 75kg, cabelo castanho-claro – e a informação adicional de que fora preso em sua pátria por posse de narcóticos.

Havia uma foto desta vez. Ao contrário dos memorandos anteriores da agência, que mencionavam a necessidade de uma foto "para fins de identificação", o cartaz trazia a imagem de um homem de cabelo comprido com óculos de aro metálico sob um balão de HQ contendo a frase "O papa fuma erva".

Só que era o homem errado. A foto no cartaz do FBI era de David Peel, tirada de um release publicitário de seu álbum comicamente batizado. Pode-se admitir a confusão – até certo ponto – pelo fato de o prospecto conter os nomes de John e Yoko como produtores. Mas a semelhança física entre Peel e qualquer ex-Beatle era quase nula.

A ausência de John Lennon na Flórida praticamente encerrou a investigação do FBI. Seu não comparecimento foi confirmado por um memorando de 30 de agosto, de um agente que foi a Miami clandestinamente como membro da Força-Tarefa Weathermen: Lennon "não foi visto pelo agente responsável (...) acredita-se que o elemento não foi a Miami, conforme planejado". O advogado do INS Vincent Schiano relatou, igualmente, o não comparecimento de Lennon e disse não haver indícios adicionais de que ele estivesse "ativo na Nova Esquerda", um movimento às voltas com disputas internas: "O elemento perdeu a confiança dos ativistas Jerry Rubin, Stewart Albert e Rennie Davis devido à sua falta de interesse em se comprometer com manifestações contrárias à guerra e outras atividades da Nova Esquerda."

O Caso John Lennon foi colocado em "pendência inativa". O escritório de Nova York enviou ao comando uma mensagem "não entre em contato, nós o faremos", prometendo alertar e informar quaisquer alterações no processo de deportação.

Alguns líderes do Movimento pareciam ter perdido o elã depois da convenção – o preço a pagar por viver sob estrita vigilância federal. Jay Craven retornou aos escritórios da cambaleante Coalizão pela Paz e pela Justiça em Washington, D.C. Táticas de intimidação mantinham os radicais em xeque, em Miami e em Washington, e quaisquer ameaças que eles pudessem representar pareciam extintas. Vigiado e seguido durante toda a convenção, Craven relata ter percebido que a pauta de Nixon prosseguiria independentemente da oposição [dos radicais].

"Estávamos sob pesado patrulhamento. Havia, no escritório ao lado do nosso, agentes que queriam que soubéssemos que eles estavam lá", relata Craven. "Os esforços do governo Nixon para intimidar e bloquear estrategicamente o Movimento foram bem-sucedidos."

Rennie Davis sabia perfeitamente que, se a coalizão e os quase defuntos yippies tinham algum futuro, este não incluía John Lennon. Em sua percepção, Lennon abrira mão do Movimento como um todo por causa de seus problemas com o Green Card. Na verdade, ele se afastara de Rubin, mas seguiu lutando. A turnê de shows políticos fora uma grande ideia em seu momento, o auge de uma onda ascendente. Só que em vez do grito de vitória, o Movimento parecia, agora, prestes a entoar a marcha fúnebre.

"Minha reação inicial à aproximação de John foi, de fato, marcada pelo contexto mais amplo do imenso papel que ele desempenhava", diz Davis. "Ele exalava vida sobre algo que perdera o rumo e já vinha enfraquecendo."

Mesmo sem Lennon em seu futuro, Davis se perguntava se ainda haveria alguma Esquerda a que se juntar nesse incerto limiar.

"Qualquer que fosse esse fenômeno de pessoas indo à luta para mudar o mundo, o fato é que em Miami ele acabou", conclui Davis. "Houve mais uma manifestação em frente à Casa Branca, mas, para todos os fins práticos, ela se extinguira."

• • •

PARA LENNON, o show beneficente One-to-One era muito mais do que apenas uma apresentação única; o show de 30 de agosto era para ser o primeiro de muitos.

"Eu estava pronto para sair em turnê por pura diversão", disse Lennon à *Rolling Stone* sobre suas expectativas. "Eu não queria cair na estrada por dinheiro. Minha vontade era sair por aí tocando, simplesmente. Qualquer pretexto – caridade ou o que fosse – bastaria para me convencer."

De volta a Nova York, John e Yoko passaram a segunda quinzena de agosto ensaiando com a Elephant's Memory. Reza a lenda que, devido às queixas dos vizinhos contra as longas, intensas e ruidosas sessões num espaço alugado na Rua 10, por eles batizado Butterfly Studios, os ensaios foram transferidos para a Fillmore East, uma casa de espetáculos na 2ª Avenida.

O fotógrafo Bob Gruen lembra que Lennon abraçou a intensa programação de ensaios, deixando que sua paixão pela música superasse sua ansiedade quanto ao desempenho. "O espaço estava totalmente impregnado do espírito do rock and roll", disse Gruen.[7] O denominador comum da música servia para descontrair e unir o grupo, um vínculo que se mantinha durante os jantares no Home, um restaurante na Rua 91 que Lennon passara a curtir, e, numa notável ocasião, numa casa de Chinatown conhecida por oferecer um bar completo. Gruen disse que essa longa noite ficou ainda mais longa quando Lennon – que sempre pagava os jantares do grupo – se deu conta de que não tinha dinheiro. Como ninguém mais tinha, serviram-se rodadas adicionais de bebidas enquanto esperavam um dos assistentes de John e Yoko sair da cama para trazê-lo.

A seleção final seria feita entre dezenas de músicas preparadas pelo grupo, com arranjos repassados um sem-número de vezes. Lennon cantava falando, ou sussurrando, para não prejudicar a voz antes do show.

Lennon confiava na música, diz Adam Ippolito, pelo menos no que dizia respeito à banda. O som fora reforçado com acréscimos na seção de ritmo: o baterista Jim Keltner, colaborador frequente nos dois primeiros álbuns pós-Beatles de Lennon, e John Ward, ex-baixista da Elephant's Memory.

"Lennon se sentia muito bem nesse momento", conta Ippolito. "O grupo estava afinado. E ele estava pronto."

Os Elefantes precisavam estar preparados. O show representava um salto de qualidade em relação a tudo o que a banda já fizera em sua carreira: por mais entusiasmado que fosse o público do Max's Kansas City, tocar em casas noturnas era muito diferente de se apresentar em uma arena lotada de gente ávida por aplaudir uma lenda da música. Os Elefantes se recordam de que Lennon e a Apple fizeram questão de usar um equipamento adequado a grandes arenas, como o Madison Square Garden. Lennon era tão pródigo com a sua música quanto com os jornais underground e os ideais de esquerda, lembra Tex Gabriel.

"Os Lennon tinham um cara que era o responsável pela mala preta", diz Gabriel. "Dentro da mala havia milhares de dólares em dinheiro vivo; maços de dinheiro, como se fossem roubados de um banco ou algo assim. John o mandou pegar uma bolada para comprar amplificadores Marshall e o que mais fosse preciso. Alugar, não. Comprar." Os Elefantes calcularam que Lennon deve ter gasto uns 100 mil dólares com os equipamentos.

"Hoje nem parece tanto", diz Van Scyoc, "mas 100 mil dólares em equipamentos era um bocado de dinheiro naquela época." Ele lembra que ficou impressionado com a qualidade do material, um claro indicador de que Lennon tinha planos muito maiores do que o show beneficente. Era o momento pelo qual os Elefantes vinham esperando: a primeira turnê de Lennon como artista solo.

"Da próxima vez a gente acerta"

"Quando aquilo veio à tona, nós pensamos: 'Meu Deus, trabalho!' e caímos dentro", diz Van Scyoc. "Como Elephant's Memory nós não tocávamos, nem no melhor dos nossos sonhos, em lugares como o Garden. Tocamos uma vez para 3 mil formandos, mas isso foi o auge, o máximo a que conseguimos chegar."

Mais do que um simples show, o "Concerto para Libertar as Crianças de Willowbrook" – assim batizado pela revista *Billboard* – foi o clímax do "One-to-One Day" em Nova York – palavras do prefeito John Lindsay. A participação de Lennon não se limitou aos ensaios e à apresentação: ele e Yoko reuniram 15 mil voluntários e pacientes de Willowbrook para um piquenique antes do show no Sheep Meadow,* com jogos, música, passeios de balão e encontros com um Beatle itinerante.

Deliberadamente, fez-se pouco alarde do piquenique. Lá, Lennon encontrou o equilíbrio que vinha buscando: usou sua fama para promover a causa sendo apenas um a mais na multidão, e não o líder, o foco de todos os holofotes – algo que seria inevitável quando subissem ao palco.

• • •

"BEM-VINDOS AO ENSAIO", assim Lennon saudou as cerca de 15 mil pessoas que foram ao Madison Square Garden naquela tarde para o primeiro dos dois shows.[8]

No palco substancialmente nu mal cabiam os músicos e os amplificadores. A luz inclemente dos spots destacava os óculos de Lennon, de aros metálicos redondos e lentes azuis. Ele usava uma roupa típica do Village – camiseta sob uma jaqueta verde-oliva do

---

* Área gramada de cerca de 60 mil metros quadrados no lado oeste do Central Park, entre as Ruas 66 e 69.

Exército dos Estados Unidos com divisas de sargento, um símbolo da Segunda Divisão de Infantaria e o nome *Reinhardt*. Mas, apesar do aspecto confiante, os Elefantes sabiam que Lennon estava um bocado nervoso. Havia muita coisa em jogo: provar o seu valor com um material não muito bem-recebido pela crítica e – algo com que todos os ex-Beatles tiveram de lidar – atender, ou não, as expectativas do público sobre as músicas que iria tocar.

Todos tinham suas expectativas, os Elefantes inclusive, como recorda Gary Van Scyoc: "Nós queríamos tocar um monte de músicas dos Beatles", diz. "Mas Lennon só topou fazer 'Come Together'. Ensaiamos umas dez músicas, mas essa era a quente; e foi nessa que mandamos ver."

A banda teve a oportunidade de tocar na abertura do concerto – ao lado de Sha Na Na, Roberta Flack, Melanie e Stevie Wonder, que se apresentaram de graça, em benefício da causa. Mas o foco das atenções era claro, assim como a esperança de um pouco de nostalgia musical.

"Nós só vamos voltar ao passado *uma vez*", enfatizou Lennon antes de atacar "Come Together".

Lennon parece haver tentado se precaver quando brincou com a multidão: "Vocês provavelmente se lembram dessa melhor do que eu (...) é sobre um *old flattop*." As palavras que cantou a partir do verso "*Here come old flattop*"* – uma música toda feita de fragmentos

---

* O sentido dessas palavras é controverso. *Flattop* designa o corte de cabelo curto e reto no alto da cabeça, referência a um policial rodoviário na canção "You Can't Catch Me", de Chuck Berry, de 1956 (*Here come a flattop, he was movin' up with me*"). A letra da canção de Lennon seria, por sua vez, inspirada no lema "Come Together, Join the Party", da campanha do psicólogo e escritor alternativo Timothy Leary a governador da Califórnia contra Ronald Reagan, em 1969, iniciada logo após a extinção de sua sentença de 30 anos de prisão, de 1966, com base na Lei da Maconha – declarada inconstitucional pela Suprema Corte. Em junho de 1969, Leary foi a Montreal em apoio ao *bed-in* de John e Yoko pela paz.

"Da próxima vez a gente acerta"

imagéticos – não batiam com as do LP *Abbey Road*, tão conhecido pelos fãs. Além de tropeçar aqui e ali, como em *"over you"*, em vez de *"over me"*, ele parecia não saber se o cabelo "ia até" ou "ficava abaixo" dos joelhos. Cada tropeço era uma careta.

"Eu acertei a letra quase toda", disse ao término da canção. Balançando a cabeça, sentou-se ao piano e arrematou: "Tenho que parar de escrever essas letras doidas, cara; eu nem sei o que estou dizendo. Estou ficando velho."

Os Elefantes seguraram bem aquela onda, fazendo das tripas coração para não decepcionar Lennon. Adam Ippolito diz que o show, que durou mais de uma hora, foi uma pressão muito diferente e bem maior do que tocar uma ou duas canções na TV.

"Lennon estava inseguro e ficou chateado com alguns erros", lembra Ippolito. "Mas a maioria nem percebeu."

O repertório, que continha uma importante seleção de músicas de *Some Time in New York City*, permitiu à banda demonstrar que não estava ali para substituir Paul, George e Ringo, mas, sim, ocupar seu lugar na nova vida musical de Lennon. Foram cinco canções de *Some Time*: "Woman Is the Nigger of the World", "Sisters, O Sisters", "Born in a Prison", "We're All Water" e, é claro, "New York City", que incendiou o público do Madison Square Garden.

Os dois primeiros álbuns pós-Beatles de Lennon foram bem representados: "Imagine" foi "um dos carros-chefes do programa", lembra Van Scyoc. De seu repertório solo, Lennon tocou algumas canções famosas: "Instant Karma", a escaldante "Cold Turkey" e a cantante "Give Peace a Chance", acompanhada pelo público com os pandeiros recebidos na entrada. A menos conhecida, "Well, Well, Well", foi jocosamente introduzida ao público como "uma canção de um dos discos que gravei desde a minha saída dos Rolling Stones".

Nervosismo à parte, Lennon bem que se divertiu. Seu melhor sorriso nessa noite foi quando estraçalharam "Hound Dog", de Elvis Presley: um rock da velha guarda que fez Lennon e Gabriel dançarem com suas guitarras e Stan Bronstein sair pelo palco com uma moça a requebrar o corpanzil. Os Beatles eram conhecidos por começar suas sessões de gravação brincando com as músicas que tocavam nos dias do Cavern, um hábito que Lennon manteve com os Elefantes.

"Nos ensaios, costumávamos tocar essas músicas para esquentar", conta Van Scyoc. "Não era uma coisa consciente, era um jeito de entrarmos em sintonia. Pegávamos canções antigas de Chuck Berry, aquela coisa da década de 1950. Sempre que John queria relaxar, era para lá que ia."

O One-to-One teve momentos de puro Lennon — a essência de sua vida artística. Mesmo num show destinado a uma causa humanitária, Lennon conseguiu criar uma conexão pessoal de um modo que poucos músicos seriam capazes de fazer. Ele continuava sendo um cantor-compositor essencialmente pessoal, capaz de criar um vínculo íntimo com seu público. Quantos seriam capazes de escrever uma canção como "Mother"? Quantos poderiam cantá-la de modo tão sincero? Um único spot, acordes simples de piano e uma voz ferida que revelava a sua dor mais profunda a milhares de amigos:

> *Mãe... você me teve, mas eu nunca tive você;*
> *Pai, você me deixou, mas eu nunca deixei você.*
> *Por isso... eu... eu só quero dizer a vocês... Adeus.**

---

* *Mother... you had me, but I never had you;/ Father, you left me, but I never left you./ So... I... I just want to tell you... Good-bye.*

"Ele botou aquilo tudo pra fora", diz Gabriel. Aquilo que o público viu deixou arrepiados os guitarristas, que estavam a 3 metros. "Era Lennon nu e cru, totalmente real; não tinha fingimento." Quaisquer falhas e imperfeições cometidas naquela tarde e noite eram suas, dissera com franqueza. Críticas à parte, Lennon deu toda a impressão de que queria voltar lá e fazer melhor.

"Da próxima vez a gente acerta", falou, perto do fim do espetáculo, numa breve menção a falhas ocasionais provavelmente nem percebidas pelo público.

Mas não houve próxima vez. John Lennon nunca mais deu um show completo; seu nome nunca mais brilhou nos letreiros das grandes arenas do país e do mundo; uma ou outra breve apresentação de uma ou duas músicas ao longo dos dois anos seguintes e só. Os shows de Lennon no Madison Square Garden em 1972 ficaram como o ensaio-geral de uma turnê inacabada, um legado de canções jamais ouvidas.

• • •

SOB CERTO ASPECTO, os concertos One-to-One foram um absoluto sucesso. A atenção pública e a conscientização suscitadas pelo trabalho de Rivera geraram uma avalanche de benefícios. A quantidade de ajuda recebida, ao longo dos anos, pelos pacientes e suas famílias, foi incalculável. Preocupado com as recentes acusações de desvio de recursos gerados em shows beneficentes, como aconteceu com Allen Klein no Concerto para Bangladesh de George Harrison, Lennon declarou durante o espetáculo esperar que o dinheiro arrecadado chegasse aos seus destinatários.

E dessa vez ele chegou. Os fundos levantados foram canalizados para três instituições beneficentes de Nova York, que os destinaram à construção de moradias para os pacientes de Willowbrook, entre outros com necessidades similares. A ABC pagou, segundo foi informado, 300 mil dólares pelos direitos de filmagem e iniciaram-se negociações para a produção de um álbum. As receitas de rádio e teledifusão e da venda de discos somariam mais de 1,5 milhão de dólares no decorrer do tempo. A contribuição de 60 mil dólares à causa feita por Lennon na compra de ingressos para pacientes e cuidadores não foi registrada nos relatórios do FBI; eles preferiam especular sobre as contribuições de Lennon a beneficiários duvidosos.

A receptividade dos fãs e da crítica foi diversa. O astro principal recebeu os elogios de costume, mas Lennon se aborreceu uma vez mais com a ânsia com que alguns se empenhavam em ridicularizar Yoko, premiada aos olhos de seus detratores com um excesso de vocais solos.

"Todo mundo adorou o grupo", lembra Gary Van Scyoc. "Mas a presença dela era muito forte e isso incomodava um pouco as pessoas."

Mas nem todos os críticos eram anti-Yoko. Um de seus defensores era Toby Mamis, da revista *Soul Sounds*.[9]

"Muita gente não curte a música de Yoko Ono", escreveu Mamis. "Mas eu penso que ela está buscando novos rumos para o rock e que nós devemos ir junto para ver o que ela descobre. Tem muito avestruz por aí que enfia a cabeça na terra e faz de conta que tudo será sempre como está agora. Isso não é verdade. Alguém tem que descobrir para onde vamos e Yoko, dentre outros, está procurando."

Mamis lembrou aos céticos que se tratava da primeira grande produção própria de Lennon e que a Elephant's Memory — "uma banda de hard rock do cacete" — era o primeiro grupo estável de músicos com que Lennon trabalhara desde os Beatles, com o qual ele gravou, ensaiou, "planejou e viveu a expectativa de um show ao vivo".

"Da próxima vez a gente acerta"

A conclusão da *Rolling Stone* era ambígua: "O desempenho [de Lennon] foi uma prova daquilo que todo mundo sempre soube: que ele é um compositor fantástico e um cantor poderoso, inteligente e expressivo." Lennon "parecia estar se divertindo muito", ao conseguir a proeza de "dar vida a 'Woman Is the Nigger of the World', uma música horrível, afrontosa, cuja correção política não compensa [a má qualidade da letra]".

Anos depois, em 1986, David Fricke, da *Rolling Stone*, fez um retrospecto do show por ocasião do lançamento de um vídeo do concerto.[10] Separando o trigo do joio, Fricke aplaudiu o "comovente entusiasmo do canto de Lennon" e "o surpreendente fôlego do programa". Elogiou a Elephant's Memory – "uma banda de esquerda de Nova York" – por seu sólido trabalho. O concerto do Madison Square Garden seria lembrado por sua raridade e por seu conteúdo. "Lennon clássico", qualificou Fricke. "Ele está todo aqui: seu humor, sua dor, sua ira e sua fé inabalável no poder do rock and roll de mudar o mundo."

• • •

OS ELEFANTES SE apresentaram pela última vez com Lennon em 6 de setembro, na maratona televisiva beneficente de Jerry Lewis por ocasião do Dia do Trabalho. O evento anual em benefício dos portadores de distrofia muscular parecia uma ocasião bizarra para Lennon – talvez ainda mais do que para Michael Douglas – dada a lista usual de convidados de Jerry Lewis: gente da velha guarda da indústria do entretenimento, como seu ex-parceiro Dean Martin, Frank Sinatra e outros luminares de Las Vegas.

Lennon não mudou de estilo. De óculos escuros e com o cabelo esvoaçando em todas as direções, tocou "Imagine" e depois, junto com a banda e a plateia do estúdio, uma versão meio reggae de "Give Peace a Chance".

"Mandem dinheiro agora...", pedia Lennon entre os refrões para manter os telefones tocando.

Muitos especularam que a breve aparição de Lennon – logo depois do concerto beneficente – tinha por objetivo cair nas graças do governo. É duvidoso, diz Gary Van Scyoc. Lennon era fiel às suas ideias e planos. Ele não apenas continuava querendo sair em turnê – a despeito da opinião da crítica –, como seguia acreditando que a tentativa de deportação se devia à sua propaganda pela paz – coisa que não deixou de fazer.

Van Scyoc lembra a crescente impaciência de Lennon e da banda para fazer a turnê. O relacionamento começara menos de um ano antes e já trazia na bagagem o *Mike Douglas Show*, muitas e muitas horas de estúdio e o Madison Square Garden. Estavam todos prontos para algo que, afinal, não estava rolando.

"Era só bum-bum-bum a mil quilômetros por hora", diz Van Scyoc. "Você pensa que aquilo vai durar para sempre – tudo bem, seremos pacientes. Mas ninguém sabia que a questão do Green Card levaria anos."

O pedido de residência permanente acabaria sendo uma longa e frustrante provação. O processo de deportação empacou no tribunal e as moções do advogado Leon Wildes se converteram em uma interminável sequência de prazos fatais, adiamentos e protelações. A expulsão parecia agora uma ameaça remota, mas Lennon não podia sair do país por receio de ser, como Charlie Chaplin, barrado no reingresso. As opções de atividade profissional proporcionadas pelo visto de turista, mesmo estendido, eram bastante limitadas: podia gravar e tocar em público, mas só de graça.

Embora o seu caso fosse agora considerado como de baixa prioridade, parecia haver pouco interesse em levá-lo a um desfecho. Lennon foi deixado num limbo legal. Com a atenção do público arrefecida pela insipidez midiática da rotina de adiamentos e protelações, Wildes concluiu que a espera seria longa. "Eles temiam, caso desistissem, ser acusados pelo outro lado de demasiado lenientes", lembra Wildes. "Então deixaram o assunto pendente – não sabiam o que fazer com Lennon. Antes, queriam a todo custo colocá-lo para fora; agora, já não estavam nem aí."

CAPÍTULO 7

"NINGUÉM SEGURA UMA BOA BANDA"

"As pessoas precisam saber se o seu presidente é ou não é um escroque. Não, eu não sou um escroque."
– RICHARD M. NIXON
(novembro de 1973)

LENNON CONTINUAVA a sentir a pressão implacável da vigilância policial e da luta contra o Departamento de Imigração, mas não só isso. Dois anos depois, ele diria à *Rolling Stone* que a miríade de questões legais, a incerteza profissional e a busca interminável pela filha de Yoko fizeram um estrago em sua vida.[1]

"Aquilo realmente me tirou dos eixos", disse Lennon. "Não era só a obrigação de comparecer aos tribunais; era tudo; uma tortura... uma tortura sem fim. Houve um momento em que eu simplesmente já não conseguia funcionar, paranoico com o telefone grampeado e sendo seguido o tempo todo. Como é que eu ia provar que eles estavam grampeando o meu telefone?"

A patrulha era uma limitação a mais, que o impedia também de programar novas apresentações. Aquela "tortura" permanente, somada às críticas do concerto no Madison destacando o seu desejo de "acertar da próxima vez", o deixou incomodado e irritadiço durante todo o outono. No começo de outubro, ele declarou à

New Musical Express que a crítica à sua direção musical "autocomplacente" estava ficando velha. "É porque eu não estou fazendo o que eles querem que eu faça", disse Lennon. "Eles estão presos ao meu passado. As pessoas não falam do que você faz, mas de como você faz; é como discutir a roupa que você usa ou o comprimento do seu cabelo."[2]

Havia compromissos a cumprir, como a produção do álbum *Elephant's Memory*, lançado pela Apple. Por ocasião da apresentação da banda e do disco num coquetel no começo de outubro, Lennon tentou sair do foco das atenções. Segundo a *Rolling Stone*, um dos convidados especiais foi um bebê elefante de seis meses que ficou circulando pela sala "pintado de tiete do Lower East Side".[3] Mas a ligação dos Elefantes com Lennon continuou em primeiro plano: a banda foi apresentada como "os heróis da classe trabalhadora que todos estamos esperando". Ainda que a participação de Lennon no disco tenha se limitado a alguns vocais de apoio e guitarra-base, a sua sombra era grande demais para ser ignorada, e não necessariamente em benefício do grupo. A Apple, patrocinadora do evento, programou algumas pequenas turnês pelo Meio-Oeste e Califórnia, mas com Lennon impossibilitado de estrelar os shows, nem o produtor nem o selo conseguiram, na opinião de Gary Van Scyoc, dar o tempo e a atenção indispensáveis a uma banda relativamente desconhecida. Era um problema que Lennon não experimentara em sua trajetória recente.

"Nosso primeiro mês na Apple foi um grande barato", diz Van Scyoc. "Mas só até a gente ir lá e começar a procurar o departamento de marketing. Não havia um departamento de marketing. Quando os Beatles lançavam um álbum, ele começava imediatamente a vender. Mas os Elefantes precisavam de ajuda. Na prática, assinamos com um selo que não tinha estrutura para nos promover. Era muito legal, mas o nosso disco não ia tocar."

O álbum *Elephant's Memory* é, essencialmente, uma criação da banda – com a entusiástica participação de Lennon em vocais de apoio e guitarra-base em algumas faixas e um segmento de piano em "Wind Ridge", de Van Scyoc – uma colaboração de que o baixista se lembra com carinho.

"John adorou a minha música, 'Wind Ridge', e escreveu notas de piano para ela", diz Van Scyoc. "Na faixa só estamos John, eu e Jim Keltner. Naquela noite, ele mandou o resto dos Elefantes para casa."

A capa do álbum era um tanto carregada, uma melancólica paisagem em preto e branco, muito diferente do psicodelismo hippie do anterior. À exceção de "Wind Ridge", de Van Scyoc, e "Life", de Tex Gabriel, as músicas vinham assinadas por Stan Bronstein e Rick Frank, fundadores da banda, e combinavam elementos autobiográficos com a visão política do grupo. A identidade da banda é o tema da provocativa "Local Plastic Ono Band", de Frank, mas também de "Chuck 'n' Bo", uma homenagem guitarrística a Chuck Berry e Bo Diddley, dois monstros sagrados que, cada um em seu momento, compartilharam o palco com ela.

Independentemente da qualidade musical, a reputação da banda talvez tenha se antecipado ao álbum. Dado que, no fim de 1972, o rock panfletário tinha perdido boa parte do seu prestígio, a promoção dos Elefantes pela Apple como "heróis da classe trabalhadora" – bem representados pelas faixas "Liberation Special" e "Power Boogie" – tornou difícil vendê-los. Mas não faltou quem tentasse patrocinar o seu talento.

"Esqueça o falatório e ouça a música", aconselhou a *Melody Maker*: "Entregue-se à maravilhosa guitarra de Wayne Gabriel e ao sax frenético de Stan Bronstein. Ouça Gabriel decolar como um foguete em 'Chuck 'n' Bo'."[4]

Havia o consenso de que a confiança de Lennon na banda se justificava: os críticos nova-iorquinos que conheciam o grupo queriam gostar do álbum, embora também eles se perguntassem se o rock revolucionário ainda era, ou viria a ser, relevante. Richard Nusser, do *Village Voice*, disse que o som da banda talvez não fosse muito apropriado para a época: "Uma tempestade de ódio que está ou quatro anos atrasada ou quatro anos adiantada."[5]

Os críticos até saudaram a "descoberta" de Lennon, mas não compravam muitos discos. Sobre o potencial comercial do disco, a *Cash Box* especulou: "Este álbum será um teste da capacidade da banda de traduzir em vendas de discos o seu entusiasmo no palco."[6]

A tradução falhou. O LP aproximou-se por um instante, mas não conseguiu atingir o Top 200 da *Billboard*. Pior, nenhuma faixa caiu nas graças do público. Teria sido o aval de Lennon aos "roqueiros da revolução" uma bênção duvidosa? Gabriel lembra que a repentina evidência nacional da banda foi construída sobre duas associações – os yippies e Lennon – embrulhadas no mesmo pacote.

"Eu me questionei a respeito disso algumas vezes, mas fica a questão: Jerry Rubin teria nos apresentado se não fôssemos uma banda política?", diz Gabriel. "Lennon teria se interessado por nosso trabalho se fôssemos apenas uma banda de rock a mais? Nosso perfil panfletário tinha muito a ver com tudo o que aconteceu."

Talvez a música para as massas já tivesse tido a sua cota de história hippie. Alguns cínicos até diziam que a música já não importava. O rock and roll já deu o que tinha que dar, disse Nick Tosches, da *Rolling Stone*, e seria melhor para todos não perdê-lo de vista ao ouvir o álbum.[7] Era "um completo absurdo" achar que a música é relevante como força sociopolítica.

"A Elephant's Memory é apenas uma banda e o álbum, nada mais do que música, simplesmente", concluiu Tosches. "Os artistas e a mídia da vetusta contracultura do rock estão tão confortavelmente instalados na corrente sanguínea da economia do *big business* que

"Ninguém segura uma boa banda"

é um absurdo imaginar que ela tenha uma natureza revolucionária viável."

Se a "música do Movimento" era passado, a bênção de Lennon à Elephant's Memory talvez tivesse sido superada, disse Tosches, por suas alianças com "porta-estandartes da revolução, como Rubin, (...) e idiotas notórios, como David Peel. A Elephant's Memory costuma ser vista como parte da 'queima total por mudança de ramo' do grande consórcio revolucionário".

Independentemente da banda, aos olhos de muitos fãs o palco de Lennon estava eternamente reservado a outros músicos. A reação da crítica aos shows do Madison Square Garden mostrou a Lennon que suas parcerias artísticas – com Yoko e com os Elefantes – seriam sempre inapelavelmente avaliadas com base em um parâmetro especial.

"Eu meio que me acostumei com o fato de que tudo o que eu fizer será comparado ao que fazem os outros Beatles", disse Lennon. "Se eu decidir fazer dança, minha dança será comparada ao rebolado de Paul. Mas eu aprendi uma coisa importante (...) não posso deixar o Top Ten controlar a minha arte. Se meu valor depende de estar ou não no Top Ten, é melhor desistir."

Em novembro de 1972 a presença de Lennon na política radical não era, nem de longe, a mesma de um ano antes. Mas ele não mudara de opinião a respeito da paz nem desistira de lutar pelo direito de apresentar canções políticas. Fosse outro tempo, outro ano, a parceria com a Elephant's Memory teria, quem sabe, evoluído com os acontecimentos a explorar musicalmente sons e mensagens. Refletindo a respeito anos mais tarde, Lennon disse que essas duas motivações caminhavam juntas. Mas um excesso de fatores negativos surgiu no caminho.[8]

"A última coisa que quero fazer neste momento é tocar em público", disse ele. "E isso é um resultado direto do problema da imigração. Em 1971 e 1972, eu estava louco para subir ao palco e tocar, mas agora dei um tempo."

E o seu papel no Movimento? Suas incursões revolucionárias no terreno da "composição por tarefa", como autoproclamado jornalista musical, se contrapunham à sua visão artística. "A arte é mais importante do que isso; às vezes eu preciso lembrá-lo a mim mesmo." Os anos passados ao lado dos yippies e dos Elefantes foram produtivos, mas de um modo insatisfatório em sua autoavaliação.

"Eu ainda estava produzindo", disse, "mas, lá no fundo, eu me perguntava o tempo todo: 'O que você quer ser? O que está buscando?' Eu sou um artista, cara, não um cavalo de corrida."

• • •

A NOITE DE 7 de novembro de 1972, a da eleição presidencial, não foi – na opinião geral – das mais felizes para John Lennon. Tantas coisas acabaram mal com a esmagadora vitória eleitoral de Nixon e a certeza de mais quatro anos sob seu governo que não havia razão para achar que o mesmo não sucederia à sua vida e à sua carreira.

John, Yoko e os Elefantes estavam gravando, naquele outono, o ambicioso álbum duplo de Yoko, *Approximately Infinite Universe*, terceira e última parte de seu contrato com a Apple. Por ser dia de eleição, a sessão começou cedo, acabou cedo e em nenhum momento chegou a entusiasmar. Ninguém estava a fim de música: como muitas outras coisas, as sessões de gravação pareciam não ter nenhum sentido.

A reeleição não foi surpresa para ninguém. Nixon teve mais de 60% dos votos populares e ganhou em todos os estados, salvo Massachusetts e na capital, uma das mais esmagadoras vitórias da história das eleições presidenciais – e uma derrota terrível para toda uma geração. Para Lennon, em especial, foi também a renovação de suas preocupações pessoais: o novo mandato popular parecia o incentivo perfeito para que os homens do presidente concluíssem seu processo de deportação.

Gary Van Scyoc lembra que Lennon, aborrecido, pediu para suspender a gravação. Um rega-bofe programado para o apartamento de Jerry Rubin, no Village, parecia a ocasião ideal para afogar em álcool as mágoas daquela noite.

"Foi realmente desanimador", relembra Van Scyoc. "Rolou um bocado de bebida ainda antes de sairmos do estúdio. E dado que John não era, como todos sabem, bom de copo, aquilo foi um desastre anunciado."

Segundo o relato de Jon Wiener em *Come Together*, confirmado pelos Elefantes, Lennon estava "louco de ódio", gritando imprecações e vitupérios,[9] quando Rubin veio à porta recebê-lo. Ao entrar no apartamento, cheio de pretensos revolucionários, ele examinou o anfitrião, cuja liderança era agora uma pálida lembrança.

Lennon falava alto, uma arenga de bêbado sobre luta de classes e causas perdidas. Estava cheio da política pregada por Rubin – por um monte de gente, na verdade – e frustrado com a sensação antiga e familiar de estar sendo usado. E para quê? Não havia esperança, disse Lennon; aquelas pessoas não podiam fazer nada; não podiam sequer se proteger das forças de Nixon.

Quem podia?, perguntou Lennon. Estavam as pessoas naquela sala preparadas para assumir a responsabilidade por suas próprias vidas? Ou estavam à espera de um salvador que lhes mostrasse o caminho?

A resposta delas foi: Lennon. Stan Bronstein disse que, apesar da vitória de Nixon, cabia a ele ressuscitar o Movimento.

"Você, John", disse Bronstein. "As pessoas irão ouvi-lo."

Aquilo foi, talvez, a gota-d'água, um eco das exigências do tempo da Beatlemania – fãs em busca de muito mais do que música.

Alguns pais chegavam a levar filhos doentes ou incapacitados aos shows para implorar acesso aos bastidores na esperança de que o toque de um Beatle lhes desse – sabe Deus como – mais do que esperança. Lennon – o líder dos Beatles – era o guru de toda uma geração, o provedor de todas as respostas. Que roupa devemos vestir? Que comprimento de cabelo devemos ter? Que drogas podemos usar? Que religião devemos seguir?

Em Nova York, Lennon quis ser mais um na multidão. Mas nunca foi. Afinal, ele era John Lennon, o líder da mais importante força cultural da história da indústria do entretenimento. Revolucionários de todos os movimentos e causas queriam dele mais do que apoio ocasional; queriam que ele os liderasse na marcha rumo a um futuro melhor. Lennon dera seu tempo, seu dinheiro e sua fama a Rubin, aos yippies e a John Sinclair, e, em troca, recebeu uma ameaça de deportação, o telefone grampeado e a vida sob vigilância federal. O Movimento, disse Lennon, precisava de outra solução.

"Eles não me ouvem", esbravejava.

Lennon não era bom bebedor. Van Scyoc lembra ter percebido que aquilo não ia acabar bem. "John estava turbulento, incontrolável", conta. "Para ser franco, eu fiquei feliz de ter ido embora."

Depois da meia-noite, a festa esvaziou. Lennon, bêbado, flertou com uma mulher e a levou para um quarto sem a menor consideração aos presentes, inclusive Yoko. A porta fechada não impediu que se soubesse o que estava rolando.

Bronstein aumentou discretamente o volume do rádio para abafar os ruídos; Tex Gabriel sentou-se ao lado de Yoko, deu a ela os seus óculos escuros para esconder os olhos marejados e ficou jogando conversa fora enquanto a festa chegava ao seu triste fim.

O país estava condenado a mais quatro anos de Nixon na Presidência. Muito menos certos eram o visto de residente de Lennon, seu casamento com Yoko, sua parceria com os Elefantes, sua carreira e seu estado mental.

• • •

ENQUANTO *Some Time in New York City* fora uma parceria autoral meio a meio de Lennon com Yoko Ono, *Approximately Infinite Universe* foi, essencialmente, um álbum solo de Yoko: a participação de Lennon se limitou a alguns vocais de apoio, guitarra e créditos de produtor. As primeiras sessões de gravação, interrompidas na noite da eleição, ficaram dias e dias no limbo enquanto Lennon tentava se desculpar com Yoko para consertar o casamento, aparentemente desfeito. A maior parte do álbum deveria ser gravada nos estúdios nova-iorquinos da Record Plant, mas, por ocasião do Dia de Ação de Graças, a Elephant's Memory estava na Califórnia para uma série de apresentações e John e Yoko dividiam seu tempo entre o Texas – a interminável busca por Kyoko – e a Costa Oeste, onde fizeram algumas sessões de gravação.

Musicalmente, os Elefantes puderam desfrutar do prazer criativo de pôr fundo musical de blues na poesia feminista de Yoko. Gary Van Scyoc, que considera Yoko "uma das artistas mais interessantes com quem já trabalhei", diz que foi ela – não Lennon – quem buscou dar ao disco um enfoque mais pop-rock que o de seus trabalhos experimentais anteriores.

"Nós refizemos as estruturas dos acordes para ficarem mais compatíveis com a Elephant's Memory", diz Van Scyoc. "Foi um projeto muito divertido. Resumindo a história, Yoko mostrou que tinha muita clareza do que queria."

Lennon acreditava que os Elefantes dariam conta do projeto, um desafio capaz de pôr em xeque o talento e a paciência de qualquer músico. Tex Gabriel disse a Calliope Kurtz, feminista e crítica de música bissexta, autora de "The Feminist Songs of Yoko Ono", que a banda atenderia às expectativas de ambos os produtores.[10] "John confiava em nós", diz Gabriel. "Yoko também. Já éramos bastante experientes àquela altura."

Em Los Angeles, os Elefantes ficaram hospedados no Century Plaza – nada mau para um feriado na ensolarada Califórnia –, onde os rapazes mataram a saudade de casa com uma festa de Ação de Graças para mais de cinquenta pessoas. Gary Van Scyoc diz, com orgulho, que os Elefantes "foram a única banda a pagar uma conta mais alta que a dos Rolling Stones".

Lennon participou de várias faixas, diz Van Scyoc, mas estava claro que o vínculo vinha se esgarçando e que eles nunca mais dividiriam o palco. De todo modo, ele estava lá em espírito, como amigo solidário. Van Scyoc se lembra de um show memorável da Elephant's Memory no Los Angeles Coliseum, com uma programação que incluiu os Bee Gees, Cher e Sly and the Family Stone e John Lennon no palco.

"A multidão delirou quando John e Yoko nos chamaram pelo microfone", diz Van Scyoc. Não havia melhor maneira de começar um show: cair nas graças do público antes de tocar uma única nota. Foi demais."

Lennon queria estar lá, diz Van Scyoc, juntar-se à banda, quem sabe, mas, para Lennon e os Elefantes, não era o momento. Durante as cinco semanas que a banda passara na Califórnia, John e Yoko se dividiram entre Nova York, Los Angeles e o Texas, seguindo pistas do paradeiro de Kyoko.

A separação de Lennon e os Elefantes foi, senão inevitável, talvez recíproca em vários aspectos. A banda se virava, do jeito que podia, sob o brilho de Lennon. Os críticos alertaram que o disco merecia ser ouvido, mas a atenção da mídia estava, inevitavelmente, focada em John. Os três membros mais jovens queriam aproveitar a oportunidade, mas Bronstein e Frank se aferravam ao sentimento de que fama em excesso era uma espécie de traição. Seu respeito por Lennon raiava a idolatria artística e a banda não queria abusar da sua amizade; o fim da jornada não teve nada a ver com seu relacionamento pessoal.

A identidade política da banda parecia estar esmaecendo também. A associação com Jerry Rubin parecia a Frank ter um peso excessivo na determinação do futuro do grupo e, dentro das fileiras radicais, a relação entre Lennon e os yippies haviam esfriado demais para incluir os tradicionais trovadores do Movimento.[11]

"Não tinha Movimento nenhum", grunhiu Frank. "Nós estávamos lá de gaiatos. Eu não apoiava nenhum grupo político." Ninguém se entendia, ele garante, e quando os Elefantes tocavam em concertos beneficentes, eram elogiados por uns – os Panteras Negras e os Young Lords – e esculhambados por outros.

"As liberacionistas berravam 'Sexistas, machistas safados!' e nós ficávamos putos", conta Frank. "Era nesse pé que estava o Movimento."

Frank e Bronstein disseram à *Rolling Stone* que queriam ser "mais do que uma Plastic Ono Band", mas os possíveis caminhos à frente permaneciam pouco claros. Era a oportunidade que os membros mais jovens – Gabriel, Van Scyoc e Ippolito – esperavam, mas os fundadores da banda, Stan Bronstein e Rick Frank, pareciam, segundo Lenny Kaye, da *Cavaliers* relutantes em tirar proveito da situação.[12]

"Banda curiosa, a Memory", observou Kaye. "Orgulhosa e tremendamente obstinada. Em vez de pegar carona na fama dos Lennon, como fariam quase todas as outras, eles se aferram à ideia de que não são a banda de ninguém, só deles mesmos."

Os Elefantes encerraram sua participação na gravação de *Approximately Infinite Universe* no fim de 1972. Mas essa terceira e última parte do contrato com a Apple não melhorou em nada suas chances de fazer sucesso surfando na onda de Lennon. O álbum, lançado em janeiro de 1973, vendeu relativamente pouco – chegou ao 193º lugar do Top 200 – e, como era de esperar, foi duramente criticado em fevereiro e março. A banda recebeu elogios, mas os vocais de Yoko não caíram uma vez mais nas graças da crítica, assim como as letras, que oscilavam entre temas feministas e tentativas de fazer algo mais comercial. Lennon pareceu resignado com o fato de poucos críticos terem dado atenção ao trabalho de sua esposa, quase sempre com comentários desfavoráveis. A música de Yoko seria mais bem avaliada em outra época – uma influência manifestada uma década mais tarde em bandas pós-punk, como o B-52s, que reconheceu publicamente o trabalho de Yoko como uma das fontes de seu som inconfundível.

O aspecto mais notável da crítica de Nick Tosches, da *Rolling Stone*, teria sido a ideia, cada vez mais difundida entre os observadores da cena cultural, de que talvez fosse hora de aposentar as conotações espirituais-aquarianas de uma era que já tinha dado o que tinha que dar.[13]

"Pensando bem, o que é essa busca por significado?", perguntou-se Tosches. "Será que ela não se extinguiu em 1968?"

O lançamento de *Approximately Infinite Universe* encerrou o ciclo da banda com Lennon, que permanecia empacado no limbo da imigração, impossibilitado de programar shows e turnês profissionais. Van Scyoc diz ter percebido que aquela viagem não ia durar para sempre.

"Chegamos a um impasse", afirma ele. Os pagamentos regulares foram suspensos e o equipamento, com valor na casa dos seis dígitos, devolvido. "Ficávamos de plantão; houve semanas em que eu ensaiei com Neil Sedaka, recebendo de John Lennon. Era uma besteira a Apple nos pagar toda semana. Ele tinha mais é que se livrar de nós."

De volta a Nova York, certa manhã de primavera cada um dos Elefantes recebeu uma carta lacrada separada da papelada oficial da Apple – um gesto desnecessário, mas inquestionavelmente teatral. Era uma mensagem pessoal, uma carta de "separação" em cinco cópias que Van Scyoc nunca esqueceu por sua lealdade, dignidade e humor. Com sincero pesar, Lennon dizia que o trabalho terminara, mas que sabia que os Elefantes continuariam na luta e um dia iriam arrebentar.

"Ninguém segura uma boa banda", encorajava, explicando que "por causa das incertezas com o Green Card e a Apple" ele ficaria em Los Angeles por uns tempos:

Mantê-los "de plantão" está custando muita grana e eu/nós não tenho/temos planos de sair em turnê ou algo do gênero (...). Eu/nós espero/esperamos que vocês tenham curtido (nós curtimos) e que consigam embalar agora que são mais conhecidos. Nos vemos por aí. Com amor, John e Yoko.

• • •

NUMA ORDEM DE deportação de março de 1973, Lennon foi mais uma vez instado a deixar o país no prazo de 60 dias.[14] O assédio burocrático continuou mesmo depois de desaparecerem as razões. O FBI fechara oficialmente o caso. O relatório final da agência, em dezembro, indicava que Lennon e os yippies haviam rompido, sendo o músico o radical rejeitado: "O caso foi encerrado pela divisão de Nova York tendo em vista a inatividade do elemento em Atividades Revolucionárias e sua aparente rejeição pelos radicais de Nova York."

A tentativa de deportação criara, no entanto, a sua própria dinâmica no interior de um sistema caótico; os trâmites burocráticos iriam sobreviver ao governo que os pusera em marcha. Enquanto o estafe da Casa Branca se virava para explicar quem sabia o quê e quando ficou sabendo, o processo de deportação de Lennon colocava Sol Marks, diretor distrital do INS, na incômoda posição de responsável pela expulsão de uma figura cultural de altíssima estima. O governo tinha o direito de fazê-lo, disse Marks numa coletiva de 24 de março, ainda que não o quisesse. Ele enfatizou que a decisão, embora com base na condenação de 1968 por posse de maconha, era apenas um passo de um longo processo e que a ordem de deportação não necessariamente significava que Lennon iria embora logo; ele "poderia ficar anos nos Estados Unidos, durante a tramitação do processo".

A ordem incluía uma espécie de oferta: se Lennon deixasse voluntariamente o país, "talvez pudesse voltar" com um visto similar ao que lhe fora concedido em 1971, desde que obtivesse a suspensão da condenação por posse de maconha. Na prática, Lennon estava sendo convidado a sair por um tempo, confiando que o INS e o governo Nixon fariam a coisa certa.

"Nós acabamos de celebrar nosso quarto aniversário de casamento; não estamos preparados para dormir em camas separadas", reagiu Lennon, numa declaração amplamente citada.

Lennon deu uma coletiva nos escritórios da Associação dos Advogados da Cidade de Nova York, aparecendo no Stimsom Room ante uma multidão de advogados nova-iorquinos usando um bóton que dizia: *Not Insane*. Os Estados Unidos, disse, eram "um lugar para se viver, não para se entrar e sair carregando o espólio". Sua esposa o ensinara a amar os Estados Unidos, Nova York em particular, e seus ideais de liberdade.

Sentado a uma mesa com Yoko e Leon Wildes, Lennon disse que o motivo daquela reunião era anunciar a criação de um país, Nutopia, do qual eles eram os primeiros embaixadores. Ato contínuo, leu a "Carta de Nutopia", que, segundo disse, lhe garantia imunidade diplomática contra futuros processos de deportação:

> Anunciamos o nascimento de um país conceitual, NUTOPIA.
>
> Para se obter a cidadania de NUTOPIA basta reconhecer a sua existência.
>
> NUTOPIA não tem terra, fronteiras nem passaportes, só pessoas.
>
> As únicas leis de NUTOPIA são as cósmicas.
>
> Todos os habitantes de NUTOPIA são embaixadores do país.
>
> Como embaixadores de NUTOPIA, pedimos imunidade diplomática e reconhecimento de nosso país e nosso povo pelas Nações Unidas.

A data do anúncio de NUTOPIA foi, é claro, 1º de abril, e a carta era firmada com endereço para resposta: "Embaixada de Nutopia, White Street, nº 1". (Escolhido, talvez ao acaso, o endereço da casa de Tribeca, construída na década de 1800, continuava recebendo, quarenta anos depois, cartas de paz e apoio dirigidas a Yoko.) Lennon concluiu a encenação acenando um lenço branco – a bandeira de Nutopia –, um gesto de rendição que era, em grande parte, mas não totalmente, uma brincadeira.

Lennon não estava desistindo nem indo embora rapidamente. Passados os 60 dias, ele permanecia em solo norte-americano, embora afastado dos Elefantes e dos radicais do centro da cidade. Em abril de 1973, John e Yoko se tornaram os mais novos moradores do célebre edifício Dakota, na esquina da Rua 72 com a Central Park Oeste. Cenário de filmes como O bebê de Rosemary, o condomínio tinha um sólido currículo no cinema e uma longa lista de artistas residentes que incluía, na época, Roberta Flack, Lauren Bacall e Leonard Bernstein. Uma conveniente mudança de cenário que deixaria, quem sabe, para trás os dias de vigilância eletrônica.

• • •

JOHN E YOKO se instalaram em seu novo lar de maneira relativamente discreta, reduzindo drasticamente a grande quantidade de atividades públicas dos anos precedentes. Sua única aparição foi uma rápida visita a Washington no começo de maio, quando, por cortesia do senador democrata Sam Ervin – um personagem central do processo contra Nixon e seu governo –, tiveram o privilégio de assistir a um dia inteiro de depoimentos do caso Watergate.[15] Lennon se derramou em agradecimentos numa carta de fins de junho: "Muito obrigado pela gentileza de nos permitir estar presentes às históricas 'audiências de Watergate'", escreveu. "Nós as temos acompanhado pela TV – mas nada se compara à sessão 'ao vivo'. Pedimos desculpas por irmos embora sem nos despedir – tivemos que sair às pressas! Gostaríamos muito de ter conhecido o senador Erwin, mas achamos que ele estaria ocupado com questões mais importantes! Quem sabe numa próxima oportunidade…"

Em julho, os Lennon foram à festa do primeiro aniversário da revista Ms., de Gloria Steinem, um passeio de barco ao redor de

Manhattan pelos rios Hudson e East cujos convidados mal perceberam a sua presença. Salvo por essas breves aparições, um Lennon mais isolado passou o verão trabalhando em seu LP seguinte, *Mind Games*, gravado em julho e agosto na Record Plant. Da coletiva de Nutopia à chegada do outono, quando começou a promoção do novo álbum, ele só deu umas poucas entrevistas.

No novo disco, Lennon retornou ao status de artista autenticamente solo. Assumindo também a cadeira de produtor, no lugar de Phil Spector, trouxe o guitarrista David Spinozza e seu velho amigo Jim Keltner para a bateria. Nada de Plastic Ono, nada de Elefantes, nada de crédito compartilhado com a esposa – as tensões conjugais surgidas em novembro estavam próximas do ponto crítico. Como lembrado em *Lennon in America*, o disco foi "um produto de transição entre o político maníaco e lunático e o retorno do músico".[16]

O álbum passou ao largo da política, pelo menos no que se refere aos hinos de protesto e ao jornalismo musical. "Bring on the Lucie (Freeda Peeple)" é considerada a última canção de protesto de Lennon, com uma letra que, claramente, põe um ponto final em seu envolvimento ativo:

> *É, fomos pegos com as mãos no ar,*
> *Mas não desespere: a paranoia está em todo lugar.*
> *O amor pode vencê-la quando o medo aparece,*
> *Gritemos, então, bem alto, como se fosse uma prece.**

Lennon negou, muitas vezes, que suas canções tivessem significados mais profundos – mesmo depois de anos de minuciosa análise de seus pensamentos por parte de críticos e fãs. Em

---

* *Well we were caught with our hands in the air/ Don't despair paranoia is everywhere/ We can shake it with love when we're scared/ So let's shout it aloud like a prayer.*

"Intuition", Lennon dá uma explicação para o seu papel como artista e militante: "Tenho boas intenções e uso a minha intuição – ela me leva por aí."★

Mind Games poderia, no entanto, ter incluído as ideias finais de Lennon sobre o Movimento, a revolução, as lições aprendidas. Somente na faixa-título, originalmente chamada "Make Love, Not War" – a frase que repercute no fim da canção –, ele reafirma a sua filosofia, que não ignorava ser um clichê pra lá de manjado. "Mind Games" tem uma de suas melhores performances vocais pós-Beatles e uma mensagem positiva, livre de qualquer amargura que, àquela altura, pudesse ter se instalado em seu coração.

"Alguns chamam de magia", disse Lennon, "a busca do Graal." Energia positiva acima da rebeldia furiosa: "Sim... essa é a resposta." As frases em sequência formam um quadro consistente: "Entoar o mantra da paz na Terra; fé no futuro com base no agora; elevar o espírito de paz e amor."

A canção foi bem recebida por ocasião do lançamento, em novembro, mas no todo o álbum foi alvo de críticas similares às de *Some Time in New York City*. A *Rolling Stone* disse que o LP trazia "o pior que Lennon jamais escrevera".[17] Comercialmente, porém, o disco trouxe Lennon de volta ao Olimpo das vendas: conseguiu chegar ao Top 10, e a canção-título, ao Top 20.

As farpas da crítica não puderam, desta vez, atingir Yoko, que não participou do álbum, apesar de presente em algumas letras: a crônica musical de John e Yoko teve mais um capítulo com "Aisumasen (I'm Sorry)". Lennon tomou emprestada uma expressão japonesa para pedir perdão a Yoko pelo triste final da noite da eleição no apartamento de Jerry Rubin.

★ *My intentions are good/ I use my intuition/ It takes me for a ride.*

O pedido de desculpas não foi, porém, suficiente para curar as feridas do casamento. No momento em que *Mind Games* chegava às lojas, Lennon retornava à Costa Oeste, incapaz de fazer shows e cansado demais para lutar. Em outubro, depois que ele e Yoko concordaram em se separar por um período indefinido, ele foi para Los Angeles. Por mais de um ano não tornaria a vê-la.

• • •

O COMEÇO DO que Lennon chamou mais tarde de seu "fim de semana perdido" em esbórnias californianas não foi uma época particularmente promissora de sua vida – mas isso não foi um privilégio seu. O clima no país adotivo de Lennon também não estava nada auspicioso.

Em novembro de 1973, o presidente Richard Nixon se viu compelido a enfrentar o crescente número de questionamentos e suspeitas sobre o seu governo. Numa coletiva de imprensa sobre o caso Watergate, concedida aos chefes de redação da Associated Press, ele fez um dos discursos mais citados de toda a história política.

Nixon disse que jamais havia lucrado com a vida pública, que "ganha[ra] honestamente cada centavo seu" e que em nenhum momento enganara o público nem obstruíra a justiça. E arrematou: "Eu aplaudo esse tipo de sabatina porque as pessoas precisam saber se o seu presidente é ou não é um escroque. Não, eu não sou um escroque."

Os humoristas deitaram e rolaram. "Eu não sou um escroque" veio a ser o bordão de uma comédia nacional que ficaria meses em cartaz.

Apesar de seus inequívocos sentimentos por Nixon, Lennon perdera o interesse em compor canções políticas e escrever letras panfletárias para o Movimento. Ele sabia perfeitamente que já não existia Movimento algum, mas aonde exatamente queria ir era uma das muitas questões em aberto na sua vida. No topo da lista estava algo muito mais importante do que qualquer canção, política ou negócio: sua separação de Yoko, esposa e companheira de todos os momentos durante anos.

"Como diz um amigo, eu saí para comprar o jornal e tomar um café e não voltei", revelou Lennon mais tarde sobre sua separação e saída de Nova York.[18] "Não se trata de quem rompeu. Rompemos."

Lennon estava sempre acompanhado por May Pang, antiga assistente pessoal do casal. Pang fora enviada por Yoko para ficar de olho nele e, segundo foi dito muitas vezes, servir-lhe de substituta sexual em suas folganças pela Costa Oeste – mantê-lo o máximo possível na linha durante essas férias de quase um ano de duração.

Como disse Lennon muitas vezes, aquilo foi uma longa despedida de solteiro que somente um astro do rock de alto nível poderia ter. Seu duplex de Los Angeles era ponto de encontro de alguns dos mais inveterados cachaceiros do mundo musical, notavelmente Harry Nilsson e Keith Moon, cujas festinhas mesclavam um pouco de negócio com montanhas de prazer.

Em outubro, Lennon começara a gravar *Rock 'n' Roll*, um disco nascido nos tribunais que se tornou uma celebração de suas raízes musicais. Não muito depois da apresentação conjunta com Chuck Berry no *Mike Douglas Show*, o empresário de Berry moveu uma ação contra Lennon alegando que "Come Together" era parecida demais com "You Can't Catch Me", incluída a frase "Here come old flattop". O caso chegou aos tribunais de Nova York em 1973 e só terminou quando Lennon concordou em gravar "You Can't Catch Me" em seu álbum seguinte.

Por mais desafortunadas que fossem as suas causas, esse período de separação foi a ocasião oportuna para Lennon dar um tempo das canções "importantes" e apenas curtir o bom e velho rock and roll.

"Cansei de tentar ser profundo", desabafou, sobre suas novas ambições.[19] "Por que não me divertir um pouco? Sempre que não estava cantando meus pensamentos mais profundos, eu retornava ao rock and roll, que foi onde comecei." Algumas pérolas gravadas nessas sessões são "Peggy Sue", "Slippin' and Slidin'", de Little Richards (que confirmou Lennon como um dos grandes cantores de rock 'de raiz"), "Be Bop a Lula", "Ain't that a Shame", "Sweet Little Sixteen" e aquela que veio a ser a faixa mais conhecida do álbum, "Stand by Me", clássico do The Drifters, mas com marca registrada de Lennon.

(Vale lembrar que o lançamento de *Rock 'n' Roll* foi uma novela: Lennon cedeu a função de produtor a Phil Spector, cujas excentricidades a essa altura eram mais do que apenas bizarras: em dado momento, ele irrompeu numa sessão de gravações vestido de cirurgião e disparou um tiro contra o teto acústico, a poucos centímetros de Lennon. "Se você quer me matar, me mate, mas não detone os meus ouvidos, pois eu preciso deles!", berrou Lennon.[20] As gravações feitas na Califórnia no fim de 1973 desapareceram com Spector para uma produção independente até o *belo* dia de março de 1974 em que ele se arrebentou todo num acidente de automóvel. Lennon tentou recriar o trabalho mais tarde, em Nova York, mas versões conflitantes e disputas judiciais detiveram o lançamento do álbum até 1975.)

Contudo, tocar apenas rock and roll, que para John era uma espécie de lar, o lugar para onde podia voltar sempre que quisesse, foi um longo e doloroso processo. Fora do estúdio, a vida de Lennon no sul da Califórnia tornou-se uma espiral descendente impelida a álcool. As farras no dúplex foram divertidas, a princípio: músicos, artistas de cinema e ex-Beatles relaxavam à beira da piscina, bebiam desbragadamente e davam vazão aos seus desejos. Foi uma época estranhamente produtiva também, durante a qual ele produziu o álbum *Pussy Cats*, de Harry Nilsson. Ringo também estava na área, morando e curtindo a vida em Hollywood, e a breve presença de Paul McCartney provocou as especulações de costume.

Instigado, talvez, pela oportunidade de estar com John sem a presença de Yoko, McCartney passou algum tempo em Los Angeles. Foi assim que, num dia de março de 1974, ele e Linda desembarcaram na Record Plant, em Burbank, durante uma sessão de *Pussy Cats*. De repente, o trabalho de gravação se tornou irrelevante. Um pesado silêncio desceu sobre a sala que Nilsson, Stevie Wonder e outros músicos veteranos de estúdio dividiam com John Lennon, mas, por um momento congelado, não compartilhavam. Christopher Sandford registra, em *McCartney*, que Lennon se encarregou de quebrar a tensão.[21]

"Bravo Paul McCartney, estou certo?", saudou Lennon o velho parceiro, à maneira de um auto de Natal que ambos haviam encenado numa rádio britânica muito tempo antes.

"Sir Jasper Lennon, estou certo?", respondeu McCartney, aproveitando a deixa. Cumprimentaram-se de um modo afetuoso, mas contido pela súbita convergência de todas as atenções.

"Havia umas cinquenta pessoas no estúdio", disse Lennon mais tarde, com exagero, ao lembrar a ocasião numa entrevista, "todas olhando para nós dois."[22]

Com Paul na bateria e Lennon na guitarra, eles improvisaram algumas velhas canções, retornando, como de hábito, ao terreno comum de sua adolescência – antes dos Beatles, da gritaria das fãs, dos triunfos, tragédias, esposas e processos. Não fora a música a causa da separação. Mandaram ver "Lucille", "Cupid", algo chamado "Bluesy Jam" e duas versões de "Stand by Me". Fitas dessa performance improvisada surgiram anos depois, pirateadas, sob o título "A Toot and a Snore in '74", referência a uma oferta de cocaína que teria rolado. Eles nunca lançariam um produto como aquele, uma simples coleção de fragmentos e passagens musicais arrancadas da memória sem qualquer pretensão. Divertido, mas num momento e lugar impróprios para voos mais altos.

Pang fez algumas fotos dos ex-parceiros sentados no pátio, as mãos protegendo os olhos do sol forte da Califórnia. Um momento aparentemente descontraído, longe das expectativas do público. Mais tarde, Paul admitiu ter sido um dos primeiros a perceber que Lennon talvez estivesse precisando de um amigo de verdade.

• • •

A FOLIA DE LENNON escapou ao seu controle. Extasiado com a sensação de liberdade que lhe dava a ausência de Yoko, deixou-se arrastar para o abismo por uma farra que parecia não ter fim. "Aquilo era um hospício", concluiu mais tarde. "Mas de repente me dei conta de que não era só mais um: eu estava no comando e tinha que produzir um disco com aquele bando de bêbados ensandecidos."[23]

Fato é que o "fim de semana perdido" foi perdendo o seu encanto e Lennon acabou retornando a Nova York – embora não imediatamente a Yoko. No verão de 1974, gravou *Walls and Bridges*, que durante seis anos viria a ser sua última coletânea de músicas novas. De volta à Record Plant, dispensou o franco-atirador Spector e dirigiu ele mesmo as gravações com canções inspiradas na sua separação de Yoko e na voragem californiana.

Lennon sentia falta de Yoko e, talvez, dos outros Beatles. Mais tarde, ele descreveria aquele período para o *Old Grey Whistle Test*,★ da BBC, como uma situação de "aceitação de grupo", em vez de

---

★ Programa de rock da emissora de TV britânica BBC2 que foi ao ar entre 1971 e 1988.

pressão: não eram Nilsson, Keith Moon e companhia que iriam controlar o seu comportamento.

"Eu sempre tenho ao meu lado alguém para dizer: 'Está bem, Lennon, agora cale a boca'", observou, referindo-se a Yoko, às suas ex e aos Beatles. "Sem ninguém para me mandar calar a boca, eu ia em frente."

No esforço de curar essa longa e complicada ressaca, "Nobody Loves You (When You're Down and Out)" – uma confissão autocomiserativa digna de uma mesa de bar às 3h da madrugada – lembra uma lendária noite de esbórnia em que Lennon acabou expulso da boate Troubadour, em Los Angeles. Na letra, ele se pergunta onde poderá encontrar seus verdadeiros amigos, sua paz.

"Ninguém te ama quando você está por baixo", canta ele. Em vez de restituir-lhe a juventude, suas folias recentes o fizeram sentir a idade: "Ninguém te ama quando você está velho e grisalho... Eu te mostrei tudo, não tenho nada a esconder."

É Lennon contando a própria história de ídolo caído: "Todos te amam quando você está debaixo de sete palmos de terra."

• • •

CANSADO DE ESPERAR, Lennon partiu para a ofensiva.

A questão da imigração pouco avançara durante a esbórnia californiana. No começo de 1974, Leon Wildes conseguiu o status de "não prioritário" para o caso de Lennon, o que lhes dava tempo para deslindar o restante de sua tramitação na burocracia do Judiciário.

"Eu pedi a documentação relativa ao programa de 'não prioridade'", conta Wildes, "um programa humanitário que não fazia parte da legislação nem do regimento – era uma questão que envolvia o segredo de justiça." Wildes documentou vários casos em que, com base em privações e obrigações familiares, "estrangeiros plenamente deportáveis – incluindo alguns com múltiplas condenações por crimes graves envolvendo drogas, assassinato e estupro – haviam conseguido permissão para permanecer no país". Wildes animou-se ao conseguir convencer os promotores federais a publicar a reclamação. "O procurador falou que ela tinha que ser publicada, ainda que prejudicasse o seu cliente", diz. "Eles tinham capacidade limitada de expulsar estrangeiros. Deveriam, portanto, estar tratando de expulsar estrangeiros perigosos, não de arruinar vidas. Mais tarde, chamou-se aquilo de 'adiamento da partida'. Ele pediu que o caso de Lennon fosse considerado e que não se tocasse nele antes disso."

Wildes lutou com todas as forças para ter acesso aos documentos e memorandos que guardavam a história dos verdadeiros motivos por trás da tentativa de deportação, desde a carta secreta de Strom Thurmond recomendando-a como uma boa "contramedida estratégica". Logo surgiram os primeiros indícios e, em pouco tempo, Wildes pôde analisar documentos, como o relatório do Comitê de Segurança Interna do Senado, que tentava associar Lennon a planos para perturbar a convenção republicana.

Em outubro de 1974, Wildes retornou ao tribunal com uma contestação: fora o governo, não Lennon, que transgredira a lei. Considerando-se os desenvolvimentos do caso Watergate, que resultaram na inédita renúncia presidencial de agosto de 1974, a paranoia de Lennon não parecia, agora, tão absurda.

O contra-ataque começou com a submissão de uma declaração de Lennon ao juiz Fieldsteel. Na nova conjuntura política, uma acusação que poucos anos antes teria parecido um ato de egocentrismo passava a fazer sentido. Lennon fora "seletivamente processado de um modo discriminatório", começava a declaração. "Eu fui alvo de atividades de vigilância ilegal por parte do governo; em consequência, o meu caso, assim como várias solicitações interpostas em meu benefício, foram prejulgadas por motivos não relacionados ao meu status de imigrante."[24]

• • •

LENNON TALVEZ NÃO soubesse que estava prestes a ter de fazer um agradecimento especial.

Ficar aquém do sucesso de vendas alcançado pelos outros Beatles o incomodava, mas *Walls and Bridges*, impelido pelo bem-sucedido dueto com Elton John em "Whatever Gets You through the Night", chegou ao topo das listas de mais vendidos. Na época da gravação, em julho, Elton John fez uma declaração audaciosa, prevendo que o single chegaria ao topo das paradas, algo de que Lennon duvidava. Fizeram uma aposta, que Lennon pagou retornando ao Madison Square Garden como convidado surpresa num show de Elton em 28 de outubro de 1974. A canção foi acompanhada por versões de "I Saw Her Standing There" e "Lucy in the Sky with Diamonds", que Elton gravara naquele mesmo ano como tributo.

Ao deixar o palco, Lennon encontrou Yoko à sua espera nos bastidores — tal como planejado por Elton John, que se tornara amigo de ambos naquele ano. O público não sabia o que se passava, só alguns amigos de Lennon que, por mais negativas que fossem as suas opiniões a respeito de Yoko, sabiam que eles pertenciam um ao outro. O próprio Paul McCartney, em sua passagem pela Costa Oeste, dissera algo sobre o tema com base em confidências de irmãos — que nada tinham que ver com os Beatles nem com o rock and roll. Era a hora de os dois conversarem e começarem de novo, se possível.

"Foi uma grande noite", disse Lennon à *Rolling Stone*. "Uma noite espetacular. Yoko e eu nos encontramos nos bastidores. Eu não sabia que ela estava lá; acho que se soubesse não teria tido coragem de ir em frente, cara. Aí rolou aquele momento, nós nos vimos e, sabe quando o tempo para, como no cinema? Foi mesmo uma grande noite."[25]

O reencontro foi permanente, como se viu. Só faltava uma questão a ser resolvida, uma questão de princípios não relacionada a preocupações com a fama e a fortuna.

• • •

DEVIDO À MÁ publicidade gerada pelo "fim de semana perdido", Lennon aceitara alguns convites para aparecer sob uma luz mais favorável. Em abril de 1974, surgiu ao lado de Harry Nilsson, sem tocar, num concerto beneficente da March of Dimes Foundation, no Central Park, e em maio passou dois dias na Filadélfia para prestigiar a maratona de arrecadação de fundos Helping Hands, da rádio WFIL-FM, antes de voltar suas atenções para *Walls and Bridges*. Com a chegada do outono, quase três anos depois da abertura de uma ficha com seu nome no INS, foi a vez de Lennon abrir o seu próprio processo: uma ação judicial com base na Primeira Emenda contra dois ex-procuradores-gerais dos Estados Unidos.

Como relatado no artigo "Justiça para um Beatle", da *Rolling Stone*, Wildes moveu uma ação contra o INS e os ex-procuradores John Mitchell e Richard Kleindienst, alegando que a "acusação seletiva" de Lennon tivera motivações políticas e que as informações utilizadas na construção do caso haviam sido obtidas ilegalmente por meio de vigilância e grampos sem mandado judicial. A ação pedia ao juiz Richard Owen, do tribunal distrital, que permitisse a Lennon provar suas alegações. Foi o que Wildes tratou de fazer.

Litígios envolvendo órgãos do governo costumam demorar. Com o passar dos meses, a prioridade de Lennon se transferiu da carreira para o casamento. Enquanto isso, sua ação prosperava com o lento acúmulo de indícios. Assim como ocorreu com o caso Watergate, a revelação de documentos do INS e do FBI trouxe ao primeiro plano pessoas que sabiam de informações condenatórias. Um artigo da United Press International de junho de 1975 disse que Wildes tinha a documentação necessária para provar que a ordem de deportação de Lennon viera de Washington e que o INS enganara a imprensa: embora o seu diretor em Nova York, Sol Marks, tivesse afirmado ter ele próprio tomado a decisão de abrir o caso, uma história diferente estava sendo contada em 1975: "Marks declarou em depoimento, na semana passada, que serviu de veículo das instruções de Washington, cujo significado ele entendia ser 'Não devemos dar trégua a esse sujeito'."[26]

Wildes nunca acreditou que pudesse derrotar o INS; as chances eram reduzidas e as cartas contra Lennon, marcadas. O apelo de Lennon foi rejeitado pelo INS e, em 17 de julho de 1975, ele recebeu nova ordem para deixar o país em 60 dias.

Mas as coisas haviam mudado. O processo aberto por Lennon permanecia sem decisão, com outros depoimentos ainda por tomar.

Quatro anos depois de terem sido apresentados, Wildes era agora um dos mais íntimos amigos nova-iorquinos de Lennon. Foi, portanto, com mais do que mero prazer profissional que ele lhe telefonou, em outubro, para transmitir sua mais recente e última notícia sobre o caso. "Você lembra que eu lhe disse que dificilmente ganharíamos esse processo?", perguntou-lhe Wildes, "Mas que talvez conseguíssemos sobreviver tempo suficiente para que a lei fosse alterada? Pois eu estou telefonando para lhe dizer que vencemos!".

Em 7 de outubro de 1975, o Tribunal de Apelações dos Estados Unidos derrubou a ordem de deportação de John Lennon confirmando que suas alegações sobre o papel do governo Nixon no caso eram todas verdadeiras.

Wildes lhe deu a notícia quando Lennon se dirigia ao hospital onde, a qualquer momento, Yoko daria à luz. No dia do 30º aniversário de Lennon, 9 de outubro de 1975, pouco depois de saber que sua longa luta pela liberdade de expressão terminara em vitória, John e Yoko receberam seu filho, Sean Ono Lennon.

Lennon obteve o direito de residência permanente nos Estados Unidos em julho de 1976. Indagado se guardava algum ressentimento contra Mitchell, Nixon, Thurmond *et al.*, Lennon deu de ombros e, sorrindo para os repórteres presentes, respondeu: "É, o tempo cura todas as feridas."

Depois de mais de uma década de fama, riqueza, muita bajulação e flertes com as armadilhas do sexo, das drogas e do rock and roll, John Lennon era – finalmente – um homem feliz.

**POSFÁCIO:
DEPOIS DA JORNADA**

"TODOS BRILHAMOS..."

"A vida é o que acontece enquanto estamos ocupados fazendo planos."
– JOHN LENNON, "Beautiful Boy"

VI RECENTEMENTE JOHN Lennon cantando "Mother" no concerto One-to-One do Madison Square Garden. Lá se vão quarenta anos. O show foi filmado, passado para videotape e finalmente digitalizado. Eu já o assisti centenas de vezes. Embora houvesse dezenas de milhares de pessoas na arena, Lennon faz a gente sentir uma autêntica conexão um-a-um entre o artista e os espectadores. Ele tinha um jeito especial de cantar, dizendo verdades simples e credíveis com letras dirigidas aos "amigos".

"Você o viu do jeito como muita gente via", disse-me Tex Gabriel, acrescentando que durante a apresentação estava concentrado demais em seu trabalho para apreciar plenamente o momento. Isso veio depois. Talvez ele fosse demasiado jovem na época.

Lennon é lembrado pelos músicos de sua geração como um sujeito bom e decente. Não era santo nem pretendia ser. Era genioso e, vez por outra, esse John Lennon se revelava durante a gravação de um segmento musical, mas sabia se desculpar quando perdia a linha. Os Elefantes, Bob Gruen e outros amigos íntimos poderiam, se quisessem, ter contado muitas histórias sobre o pecador por trás do ídolo martirizado; só não o fizeram porque – ao contrário dos que buscam sempre o lado sombrio de John Lennon – o conheciam de verdade.

Sob muitos aspectos, todos nós o conhecíamos. Todo mundo sabe onde estava naquela noite de dezembro de 1980 do mesmo modo como se lembra de tragédias incompreensíveis, como o assassinato de Kennedy e o ataque terrorista às Torres Gêmeas de Nova York. Eu era jovem demais para ser beatlemaníaco, mas a minha geração, tanto quanto as que vieram depois, os descobriu assim como descobriu outras grandes bandas: eles eram melhores do que a maioria – senão todas – dos grupos musicais mais novos. A música dos Beatles parecia pura, original e cheia de mistérios. E ainda parece.

Eu estava num subúrbio de Detroit na noite em que Lennon foi assassinado, já não mais um adolescente e a menos de seis meses de deixar a casa de meus pais. Eu tinha uma foto de Lennon na parede do meu quarto, tirada da capa do "Álbum Branco". Em algum momento da época de *Sgt. Pepper's*, as capas dos discos se tornaram obras de pop art com espaço suficiente – comparadas aos CDs, para não falar dos downloads – para imagens bonitas e bizarras; para letras impressas com tipos grandes o bastante para se poder ler (ou interpretar); para pôsteres e muitas outras coisas legais. (O hall da fama cabe à divertida capa do álbum *Big Bambú*, de Cheech & Chong, que continha papel de seda suficiente para um baseado capaz de fazer a cabeça de John Sinclair.)

Nós percebemos imediatamente, naquela noite, o quanto íamos sentir a falta de John Lennon. A mitologia ao seu redor cresceu com o passar do tempo. Ele não era reconhecido na época por muitas coisas pelas quais é reconhecido hoje: o Beatle "esquisito" que perdeu a cabeça por uma mulher e abandonou a fama de roqueiro para criar o filho. Nada disso era visto como "bacana".

O que se entende como "bacana" muda de ano para ano. Os princípios básicos de Lennon, não: seu ativismo pacifista e construtivo foi uma constante, assim como sua opinião de que o amor é melhor do que o ódio, e a paz, melhor do que a guerra. Talvez nós tenhamos mudado. Muita gente que achava estar certa em 1972, foi-se ver, estava errada.

Algumas coisas demoram um pouco para ser entendidas.

• • •

SÓ MAIS TARDE Wayne Gabriel percebeu que era jovem demais para apreciar o valor de sua convivência com John Lennon: ninguém sabia, àquela altura, que a Elephant's Memory seria a última banda a trabalhar regularmente com ele.

A associação com Lennon abriu portas, dentre elas a apresentação a Chuck Berry, cujo álbum *Bio*, de 1973, tinha um raro instrumentista convidado: "Eu sou o único guitarrista que ele permitiu solar em um álbum seu", orgulha-se Gabriel.

Gabriel viu Lennon pela última vez no outono de 1980, em frente ao Dakota, um encontro fortuito de dois nova-iorquinos atrasados para seus compromissos, à procura de um táxi. Era uma pena, eles concordavam, que a parceria musical de uma década antes tivesse tido um fim tão abrupto.

"Eu fui para Nova York para me dar bem", diz Gabriel. "Ao topar com John Lennon, o sonho virou realidade. A partir daí, quem sabe até onde as coisas poderiam ir? Mas elas não saíram do jeito que eu imaginava."

Elas raramente saem, observei.

"Não, elas nunca saem", suspirou Gabriel.

• • •

NOSSAS CONVERSAS FORAM um pouco frustrantes do ponto de vista do repórter: o papo era muito agradável e frequentemente enveredávamos por temas bem mais importantes, contudo irrelevantes para esta biografia – família, amigos, lembranças comuns de Nova York e Detroit. Encerramos a última sessão com palavras e pensamentos similares ao que Lennon dissera no encerramento do Madison Square Garden: *Sem estresse, da próxima vez a gente acerta.*

Como muitas outras coisas, essa próxima vez não aconteceu.

No começo de 2010, Wayne "Tex" Gabriel foi diagnosticado com síndrome de Creutzfeldt-Jakob, uma doença degenerativa que lhe tirou a vida em maio daquele ano. Ele deixou uma esposa dedicada, Marisa LaTorre, os filhos Ataia e Savion Gabriel, de seu primeiro casamento com Sandra Fulton, os enteados Sarah e David Goldfarb, além de amigos que sentem sua falta por motivos que nada têm a ver com solos de guitarra.

• • •

JOHN SINCLAIR NUNCA abjurou seus valores, uma admissão qualificada.

"Eu nunca me vendi", diz Sinclair. "Ninguém nunca me ofereceu nada."

É tão provável encontrar, nos dias de hoje, um Sinclair ativo nos clubes de jazz de Nova Orleans quanto em Detroit e Amsterdã, ainda que ele tenha a sua cota de perguntas sobre os bons e velhos tempos da revolução hippie. Sinclair sabe que parece demodê olhar para trás com sentimento de perda, mas o mundo mudou consideravelmente.

"Hoje temos um vazio", lamenta Sinclair. "Nunca mais haverá Beatles e é por isso que John Lennon e Yoko Ono foram tão importantes: por ser o que eram, eles foram capazes de atingir milhões de pessoas. Outdoors na Times Square, *bed-ins* pela paz, coisas assim eram poderosas porque falavam ao coração das pessoas."

Sinclair diz que o discurso de Lennon sobre a apatia da juventude na Crisler Arena foi mais profético do que qualquer outra coisa e continua verdadeiro até hoje.

"Aquilo foi um chamado à ação", diz Sinclair. "Já não se fazem mais músicas como 'Give Peace a Chance'. Não se vê mais a ideia de desenvolver uma coisa durante um período de tempo. Todos querem que tudo aconteça no próximo bloco de notícias."

O Movimento, segundo Sinclair, ressurgiu de várias formas com o Occupy Wall Street, a Primavera Árabe e as revoluções on-line desencadeadas com o mesmo espírito.

"Nós precisávamos disso", conclui. "Se tiverem sorte, eles farão a coisa durar. É o melhor que pode acontecer a esses garotos. Quem quer ser apenas um consumidor? Por mais que existam produtos fantásticos por aí, quantos iPads uma pessoa pode ter?"

• • •

HOUVE QUEM SE perguntasse se John Lennon havia "abandonado" o Movimento por motivo de autopreservação. Rennie Davis pensava assim na época. Sem ressentimento, é claro; ativistas autênticos sempre encontraram diferentes maneiras de protestar.

"O mais bacana de Lennon era uma qualidade que eu via em várias pessoas comprometidas com o Movimento", conta Davis. "Pode-se discordar sobre táticas e enfoques, mas há um profundo senso de compromisso. Era isso que eu via em John. Ele era o cara; ele acreditava no que estávamos tentando fazer."

O tempo curte as pessoas de diferentes maneiras. Davis foi um dos que buscaram novos caminhos para objetivos similares. A meditação, uma das muitas portas que Lennon e os Beatles abriram para uma geração, o fascinou. "As pessoas começaram a falar em mudar a si mesmas", diz Davis. "Você ficaria espantado de ver quanta gente aceitou essa mensagem."

Davis foi um deles, tornando-se, em 1973, um seguidor do guru de 16 anos de idade Maharaj Ji, líder da Missão Luz Divina, que promoveu um encontro de meditação de três dias no Houston Astrodome. A paz mundial, disseram eles, virou paz interior.

"John me falava sobre isso", diz Davis. "Quem quer mudar o mundo, Rennie, deve começar mudando a si mesmo."

Davis conta que teve tempo suficiente para refletir sobre aquela época, de reconsiderar posições assumidas quarenta anos antes.

"Olhando para trás, eu me sinto ainda mais inclinado a dizer que John talvez estivesse certo", analisa Davis. "O que está acontecendo aqui é que nós temos que mudar a nós mesmos para podermos mudar o mundo lá fora."

• • •

DEPOIS DA DISSOLUÇÃO da Elephant's Memory, Gary Van Scyoc deu continuidade à sua carreira de estúdio tocando com Neil Sedaka, Paul Simon, Chuck Berry e outros. Em 2012, Van Scyoc e Adam Ippolito se juntaram à Birds of Paradox, banda de Steve Holley e Laurence Juber, ex-membros dos Wings de Paul McCartney. "Realmente incestuosas", definiu ele, com humor, as conexões dos Beatles.

Em 1980, Van Scyoc achou que teria a chance de fazer uma turnê com John Lennon, numa conversa que lhe abriu a perspectiva de novas oportunidades profissionais. Foi a última vez que esteve com ele, depois de lhe telefonar para falar de um material em que vinha trabalhando. "Não havia problemas entre John e eu", relatou. "Não havia vaidade entre nós. Ele gostou muito do meu material e foi bastante simpático a respeito."

Na ocasião, Lennon estava quase terminando a gravação de *Double Fantasy* e revelou a Van Scyoc que cogitava – uma vez mais – fazer uma turnê e que talvez houvesse lugar para outro baixista. "Ele não tinha certeza; disse que talvez, quem sabe, eu poderia tocar, mas no final não deu em nada."

Van Scyoc lembra que, na noite de 8 de dezembro, estava com um amigo num clube de jazz no Upper West Side, "bem em frente ao Dakota". "O show acabou às onze e nós saímos à rua no máximo uns cinco minutos depois. Havia dois carros de polícia parados, com a luzes acesas. Eu olhei para o meu amigo e disse: 'Meu Deus, aconteceu alguma coisa com John.' Não me pergunte como eu sabia; afinal, por que eu fui escolhido para tocar com um Beatle?"

Van Scyoc conhecia Lennon mais que qualquer uma dentre os milhares de pessoas que se acotovelavam na esquina da Rua 72 com Central Park West, mas a verdade é que elas também o conheciam.

"Tinha muita gente lá", lembra Van Scyoc. "E era incrível como a multidão crescia; em poucas horas chegaram milhares de pessoas."

• • •

JERRY RUBIN, CHAMADO por vários de seus companheiros ativistas e hippies de "b.o.",* seguiu a onda da chamada "Década do Eu" dos anos setenta abraçando movimentos como o EST,** meditação, acupuntura, bioenergética e terapias holísticas. Guru da turma da

---

* *Bad odor.* Ce-cê.
** Erhard Seminars Training, organização fundada por Werner H. Erhard para ensinar às pessoas como superar seus problemas.

"cocaína e discoteca" do Studio 54* em fins da década de 1970, Rubin adotou o capitalismo competitivo em 1980 e se tornou corretor de valores da John Muir & Co., de Wall Street. No começo dos anos noventa, trocou Nova York pelo sol do sul da Califórnia e associou-se a uma empresa de comercialização de misturas nutritivas — alvo de uma ação judicial coletiva em 1992 por envolvimento em um esquema de pirâmide.

Rubin faleceu em novembro de 1994, 14 dias depois de ser atropelado por um carro ao atravessar uma rua de Hollywood fora do sinal. Tom Hayden, seu parceiro dos Sete de Chicago, declarou ao *Los Angeles Times* que Rubin era "uma grande força viva", acrescentando que "sua disposição para contestar a autoridade com finalidades construtivas nos fará falta. Ele desafiou o establishment até o fim".

• • •

VELHOS HIPPIES NEM sempre saem de cena. Muitos aplicaram a outros misteres as aptidões aprendidas no Movimento quando ele recuou. Tariq Ali aplicou a paixão com que publicava o *Red Mole* à sua carreira de escritor, cineasta, historiador e romancista — jamais renunciando ao título, ou papel, de ativista.

John Lennon não se esquivou da revolução, observa Ali. Tudo indica que seus pontos de vista permaneceram consistentes com o passar do tempo.

"Ele se afastou de algumas pessoas", diz Ali, sobre a relação de Lennon com Rubin e os yippies. "Mas eu não acho que tenha se afastado da sua política. Tenho absoluta certeza de que se ele estivesse entre nós faria oposição à Guerra do Iraque. Até Mick Jagger escreveu canções sobre a Guerra do Iraque."

---

* Lendária discoteca de Manhattan aberta em 1977.

"Todos brilhamos..."

Ao discutir os temas explosivos do final da década de 1960, Ali ainda se depara com "um monte de perguntas, em todo o mundo, sobre esse período e especialmente sobre John Lennon". Algumas músicas ainda são cantadas como em 1972, diz, lembrando um protesto do Occupy Wall Street em que as pessoas cantavam "Power to the People".

"O fato é que algumas coisas ficaram. Não têm o mesmo impacto que tinham nas décadas de 1960 e 1970, mas continuam reverberando, muito significativamente, no mundo em que hoje vivemos."

• • •

ADAM IPPOLITO NUNCA mais viu John Lennon, embora tenha tido encontros – alguns agradáveis, outros nem tanto – com Yoko Ono. Voltou à Califórnia no fim da década de 1970 para gravar e se apresentar com o Joffrey Ballet e tocar com o grupo de disco-funk Kool and the Gang ("Celebration").

Em 1986, a Capitol Records e Yoko Ono Lennon lançaram o concerto One-to-One, John Lennon Live in New York City, partes do qual foram incluídas num documentário de 1988 intitulado *Imagine: John Lennon*.

Ippolito se viu numa posição difícil. Sua atuação como tecladista no Madison Square Garden aparecia às vezes associada a imagens de Yoko sentada ao piano. A Elephant's Memory moveu uma ação – sendo Ippolito o principal demandante – alegando que o vídeo fizera uso não autorizado de seus nomes e imagens e que Yoko "apenas fingia" estar tocando. Houve divergências sobre quais das duas apresentações foram usadas nas trilhas de áudio e imagens de vídeo. Segundo o *New York Law Journal*, "o crédito atribuído a Ono Lennon constitui 'usurpação' da apresentação de

Ippolito". Individualmente, porém, o caso não tinha amparo legal: os créditos do concerto original apenas listavam músicos e instrumentos tocados, com Yoko nos teclados; não identificavam canções específicas.

Mas o vídeo era objeto de outras queixas, envolvendo tecnologia e direitos autorais. Nesse caso, o juiz Harold Baer Jr., do tribunal de Nova York, disse que os membros da banda estavam certos: o consentimento para o uso de seus nomes no show de 1972 e na transmissão original pela TV não significava permissão "para todos os usos e a qualquer tempo". As vendas futuras da edição VHS foram suspensas, embora o vídeo fosse frequentemente passado na TV aberta sem finalidades lucrativas. No documentário *Imagine*, as imagens da banda e de suas apresentações eram, quando muito, "notas de rodapé visuais".

O tempo passou e as lembranças se dissiparam. Ippolito conta que, muito tempo depois do processo e décadas após sua louca e corriqueira viagem pela montanha-russa do rock e da revolução, ele e sua esposa encontraram Yoko nos bastidores de um evento em Nova York. Foi bacana, diz, velhos amigos pondo em dia as coisas que realmente importam. Suas lembranças de paz e carinho se revelaram muito mais fortes e duradouras do que as disputas momentâneas.

Ippolito veio a fazer gravações comercialmente mais bem-sucedidas do que as músicas que tocou com Lennon, e a se apresentar para públicos maiores, mas a verdade é que, comparadas ao tempo que passaram juntos, são apenas mais um dia de trabalho.

"Eu toquei para públicos maiores", diz Ippolito, "mas [tocar com John Lennon] foi o maior trabalho da minha vida, devo reconhecer."

• • •

DAVID PEEL VIROU uma "lenda do urderground" como o hippie nova-iorquino que disse que o papa fumava maconha e – durante um breve e cintilante momento – por sua associação com John Lennon. Talvez um dos mais famosos subprodutos da cultura pop, Peel levou sua guitarra ao Zuccotti Park, em Nova York, em abril de 2012, para se juntar a um acampamento do Occupy Wall Street.

O *New York Times* observou que, aos 68 anos, Peel "ainda tem sua guitarra, seus três acordes e sua festiva e irreverente *shout-music** pró-maconha". Os garotos provavelmente não conhecem a lenda de Peel, mas um veterano do Village se ouriçou ao ouvir seu nome: "É a música da maconha, não?"

O artigo do *Times* era pura nostalgia. Apesar da tentativa de surfar a onda com uma balada intitulada "Up against the Wall Street", Peel parecia resignado com a fama de ter sido confundido com o ex-Beatle num cartaz do FBI. Segundo o *Times*, ele ainda usa óculos escuros estilo Lennon, mora no mesmo apartamento da Avenida B e "vive de pequenas apresentações, modestos royalties e da venda de discos antigos e atuais". O jornal não perdeu a chance de lembrar aos seus leitores que Lennon teria dito: Peel "escreve belas canções", mas "não sabe cantar nem tocar de verdade".

• • •

MAIS DE UMA dúzia de músicos entraram e saíram desde que Stan Bronstein e Rick Frank – que se conheceram tocando em boates de striptease de Manhattan – formaram a Elephant's Memory. Poucos álbuns levaram o nome da banda durante a sua existência; o último LP, *Our Island Music*, foi creditado a Stan Bronstein e a

---

* Espécie de soul cantado em algumas igrejas protestantes afro-americanas na década de 1920.

Elephant's Memory. A "ilha" era Manhattan, que continuou sendo o seu lar muito depois de terem se separado de Lennon. Bronstein gravou seu último disco, *Living on the Avenue*, em 1976, mas continuou pelos estúdios, tocando saxofone e clarinete. Frank faleceu em 2003.

Em 2011, Bronstein foi diagnosticado com câncer no pulmão e no cérebro. O Sweet Relief Musician's Fund saiu em sua ajuda, causa rapidamente abraçada por Yoko, que se lembrava de Bronstein como "um músico excepcionalmente apaixonado e talentoso... um grande coração que sabia liderar a sua banda com um espírito de diversão e prazer; uma presença confiável que ajudava no desempenho de John e no meu também. Nós o amávamos e respeitávamos".

Em agosto de 2012, Bronstein foi integrado ao Hall da Fama do Blues de Nova York no Kenny's Castaways, um conhecido clube musical da Rua Bleecker, aberto em 1967 e fechado 45 anos depois.

• • •

EM SEU LIVRO *I'll Be Right Back*, o apresentador de TV Mike Douglas lembrou o pânico da emissora com a ideia de levar Jerry Rubin – que dirá um Pantera Negra de carteirinha – a milhões de donas de casa.

"Em vez de lamentar o ocorrido, eu bem que gostei", escreveu Douglas. "Foi um esplêndido exemplo de TV polêmica, uma troca de ideias em cores fortes. Mas não se atiraram cadeiras, ninguém quebrou o nariz de ninguém, nem uma única palavra precisou ser censurada. Foi passional, mas não ofensivo e, de quebra, permitiu que as pessoas vissem o sujeito incrível que era John Lennon."

Douglas disse que Lennon prometera retornar ao programa. Ao saber que ele estava novamente gravando, em 1980, convidou-o para mais uma semana no ar. Mas como a gravação de *Double Fantasy* demorou mais do que o previsto, teve de aceitar o adiamento da programação, originalmente planejada para o início de dezembro: "Eu lembro o exato momento em que um assessor veio me dar, com a expressão carregada, a notícia do assassinato de John. Era o dia da sua aparição. Foi uma coisa incompreensível. Tudo o que sei é que perdemos um dos maiores talentos criativos da música daquela época e um homem excepcional."

• • •

O DIRETOR DO Peace Corps, Joseph Blatchford – "um pé em cada geração" –, tinha sentimentos ambíguos para com Nixon, mas conhecia de perto o círculo íntimo do seu ex-chefe. Protestos eram considerados não apenas antipatrióticos, como também perigosos – Martin Luther King era relacionado aos distúrbios de Detroit e Watts e ideias fundamentais garantidas pela Constituição dos Estados Unidos eram consideradas suspeitas.

"O símbolo da paz dizia respeito, fundamentalmente, à Guerra do Vietnã", esclarece Blatchford. "Era um símbolo do movimento contra a guerra, tido, por essa razão, como desagregador."

Blatchford se disse surpreso por não ter visto esse mesmo espírito quarenta anos mais tarde, quando os Estados Unidos entraram em outro conflito. Talvez, diz ele, a centelha da década de 1960 não tenha se acendido porque não houve alistamento obrigatório para as guerras no Iraque e no Afeganistão. Mas houve alguns protestos, e Blatchford observou as pessoas que defendiam a paz.

"Eu estava em São Francisco quando a guerra começou e pude ver um grande número de pessoas reunidas", diz Blatchford. "Todos tinham cabelo grisalho: eu acho até que me lembrava de um ou dois dos distúrbios de Berkeley."

Pedir "paz" em tempos de guerra – assim como agora – pode ser visto como esperança sincera ou como traição. Mas para Lennon era mais do que uma palavra de ordem, recorda Blatchford. "Eu acho que para ele era algo maior do que isso. Tudo o que eu lembro é sua música maravilhosa e suas composições", diz Blatchford. "Eu não me lembro de nenhum radicalismo. Ele e a esposa eram muito idealistas em sua ânsia de paz. Acho que sua voz não era contra o sistema, mas autenticamente... a favor da paz. Entende? Lennon, para mim, tem muito mais a ver com a ânsia de paz, amizade,* boa vontade e coisas assim do que com as divisões internas que a guerra causou em nossa sociedade."

• • •

O ADVOGADO LEON Wildes nunca mais disse não saber quem era Lennon. O drama jurídico que viveram juntos é até hoje um ponto alto em sua vida pessoal e profissional. Wildes, especialista em leis de imigração, é palestrante e professor da Faculdade de Direito Benjamin N. Cardozo. Depôs no Congresso sobre o tema. Um dos poucos nova-iorquinos que pôde chamar John e Yoko de autênticos amigos, Wildes diz que a batalha de Lennon no tribunal foi, à sua maneira, tão importante quanto suas realizações artísticas.

"O caso Lennon rendeu várias conquistas jurídicas importantes", afirma Wildes, que escrevera cinco artigos para a *Law Review* sobre o tema, três deles sobre a cláusula de não prioridade. "Hoje, este é o item mais quente do direito de imigração", diz Wildes.

---

* No original, *hands across the sea*, título de uma famosa marcha militar composta em 1899 por John Philip Sousa, inspirada, segundo o compositor, pela frase "Um pensamento me assalta; juremos amizade eterna".

Em retrospecto, Wildes diz que a "investigação" tantas vezes inepta do FBI indicava que Lennon era, de fato, um caso de baixa prioridade. É impossível acreditar que um agente que fazia jus ao seu distintivo não fosse capaz de conseguir uma foto de John Lennon.

"Eu penso que eles não designaram os melhores agentes", diz Wildes. "E talvez não tenham tirado pessoas de investigações importantes para seguir esses artistas por motivos políticos. Alguns dos designados para o caso eram, provavelmente, agentes de segunda linha."

Na época, não havia nada de ridículo nisso. Wildes diz que Nixon e seu governo consideravam dissidentes e imigrantes, igualmente, inimigos do Estado.

"Nixon saiu à caça de estrangeiros ilegais", diz Wildes, "como se estivesse no comando de uma operação contra a Máfia. Ele presumiu que, sendo iniciativa do presidente, devia ser legal, mesmo sabendo perfeitamente que não era."

Wildes tem outros bons motivos para lamentar que Lennon não esteja mais conosco: sua voz seria uma bênção para os imigrantes do século XXI.

"Lennon ficaria indignado com o tratamento dispensado aos imigrantes ilegais e o uso do seu sofrimento como moeda de barganha política", diz Wildes. "A imprensa iria deitar e rolar. Lennon tinha um modo de se expressar que mexia com o sentimento das pessoas comuns em relação às injustiças do sistema. John era brilhante. É uma tragédia que não o tenhamos ao nosso lado para falar, com seu jeito digno, contra as injustiças da lei de imigração e o modo como é aplicada. Ele tinha esse dom."

• • •

O FABRICANTE DE cigarros Phillip Morris lançou uma nova marca, Virginia Slims, em 1968, dirigida a um público-alvo de jovens profissionais do sexo feminino que se consideravam "liberadas" por fumar. O slogan "Você percorreu um longo caminho, moça"* foi veiculado em jornais, revistas e televisão. Anunciavam-se cigarros na TV até 1971, algo tão surpreendente para os jovens de hoje quanto a ideia de uma campanha de marketing destinada a atrair feministas.

O movimento feminista percorreu um longo caminho, diz Gloria Steinem, não obstante os desvios de marketing. E em pouquíssimo tempo.

"Do ponto de vista histórico, os movimentos sufragista e abolicionista conquistaram para as mulheres de todas as raças, assim como para os homens negros, a identidade jurídica de seres humanos", diz Steinem. "Antes do sufrágio e da abolição era possível possuir mulheres e homens negros, literalmente, como objetos."

Steinem se lembra de Lennon por motivos muito além da música. Ela diz que, muitos anos antes de se tornar moda os homens assumirem o papel de donos de casa e o cuidado dos filhos, Lennon já entendia do riscado. Ele jamais duvidou de sua masculinidade por apreciar a arte e transigir respeitosamente com sua esposa, e até escreveu sobre esse tema em *Skywriting by Word of Mouth*, uma coletânea de ensaios de seus anos de "retiro". Quando a imprensa o descreveu como um recluso que não "voltaria a trabalhar", Lennon respondeu com a tradicional pergunta feminina: "Se criar um filho não é trabalho, então é o quê?"

Lennon desafiava as convenções de gênero tão naturalmente quanto os conceitos musicais e as posturas raciais. "Ele e Yoko eram uma parceria igualitária", diz Steinem. "O fato de ele ficar em casa

---

* No original, *You've come a long way, baby.*

"Todos brilhamos..."

cuidando do filho, sendo um pai de verdade, teve um impacto quase tão grande quanto a sua música."

• • •

NÃO É UMA lenda urbana: Richard Nixon tinha uma "lista de inimigos" que documentava a paranoia presidencial. Nela constava o nome de Lennon, e não era como "Beatle favorito".

Fazer parte dessa lista foi fácil para Ron Dellums: ela incluía os treze fundadores da Bancada Negra do Congresso.

"Eu usava aquilo como distintivo", observa ele, dizendo que a grande questão era "a reação incrivelmente desproporcional do aparato nacional de segurança contra pessoas que apenas exerciam o seu legítimo direito de organização, reunião e expressão".

Dellums ficou no Congresso até 1998. No século XXI, foi prefeito de Oakland, Califórnia, por dois mandatos, e diz que, apesar dos avanços realizados, algumas pessoas ainda precisam aprender as lições daquela época. Em 2007, houve um momento de grande tensão social quando um agente da Bay Area Rapid Transit matou com um tiro um jovem afro-americano. O agente foi a julgamento. Enquanto esperava o veredito, Dellums foi abordado por jovens que planejavam fazer uma vigília e queriam que ele participasse para garantir "o direito de estarem lá". Um deles insinuou que o grupo não conseguiria permissão para fazer uma vigília legal sem a presença do prefeito.

O grupo não precisava dele para isso, conta Dellums, mas havia ali, talvez, uma lição a ser sacada da história.

"Eu lhes disse que havíamos lutado por aquilo cinquenta anos antes. Se você precisa de alguém ao seu lado para legitimar o direito de estar na esquina da Rua 14 com a Broadway, então foram cinquenta anos jogados fora."

Mas a manifestação precisava ser pacífica. Experiências de conflitos civis violentos – inconformados lançando bombas incendiárias e policiais e soldados atirando para todos os lados – já haviam ocorrido. "Não precisamos reinventar as barricadas. Nós fizemos isso. Pessoas morreram. Você quer sair por aí com uma máscara, incendiando carros? Pense bem, cara. Essa estrada a gente já conhece."

A mensagem de Dellums colabora com seu histórico de ativista comunitário, congressista e prefeito de cidade grande. Os valores mais importantes, de acordo com ele, são manter-se fiel à causa e atuar.

"Eu penso que John Lennon foi fiel à sua causa", diz Dellums. "Ele entrou na luta."

O tempo mostrou que aqueles que participaram das batalhas dos anos sessenta – direitos civis, justiça social, oposição à guerra – estavam do lado certo na maior parte das questões.

"Fomos absolvidos pela História", reflete Dellums. "Nossa geração mudou muita coisa nos Estados Unidos daquela época. Há ainda questões pendentes e valores a resgatar? Com certeza. Nós mudamos o mundo, não o tornamos perfeito."

• • •

O MOVIMENTO NÃO morreu com a reeleição de Nixon. Ele evoluiu, diz Paul Krassner, que também vê paralelos entre os protestos dos anos sessenta e os desenvolvimentos do século XXI, como o Occupy Wall Street e a Primavera Árabe. Krassner admite ter ficado surpreso com o fato de a internet e as redes sociais terem se convertido em fóruns desses movimentos: "Eu sou do tempo em que mídia era um substantivo plural; hoje ele aparece também no singular. Eu zombei do Facebook e do YouTube – você pode passar o dia inteiro vendo gatos tocando piano sem ver o mesmo animal duas vezes –, mas o fato é que eles mudaram o mundo no sentido de que comunicaram uma revolução desde vários países influenciando todos eles."

Krassner, o realista, se diverte com o caráter fortuito da transformação das redes sociais em fórum da revolução on-line. "[Mark] Zuckerberg não pensou nisso", diz. "Pensou num jeito de conhecer garotas. É estimulante ver os jovens recebendo informações das redes sociais, em vez de da grande imprensa. Ou será que eles são apenas alérgicos a papel?"

Tirando lições daquela época, Krassner assinala que "o espírito sobreviveu" e os temas sobreviveram às modas. Para ele, Lennon foi uma inspiração, mais do que um cara disposto a experimentar novas ideias e abraçar causas diversas: ele sabia que os heróis da cultura pop tinham seus limites.

"Eu acho que ele era muito vivo", diz Krassner. "Parecia ingênuo pensar que ficar na cama com Yoko no Canadá faria alguma diferença para o fim da guerra. Eu não sei se ele foi usado; todo mundo queria alguma coisa de Lennon. Eles tomaram conscientemente a decisão de usar sua fama para lutar por um mundo melhor."

• • •

SABEMOS O QUE aconteceu a John Lennon, assim como acreditávamos conhecer o homem. Mais de quarenta anos depois do fim dos Beatles e três décadas e meia depois de um assassinato sem sentido, permanece o desejo de revisitar essa amizade – talvez por querermos nos conhecer um pouco melhor, compreender a nossa geração ou simplesmente saber o que foi, afinal, que aconteceu naquela época.

Os anos de revolução de John Lennon nasceram na década de 1960 e tiveram uma turbulenta trajetória na década seguinte.

Havia, disse ele, um preço a pagar por lutar por aquilo em que acreditava, mas que nem pelos recursos de um roqueiro milionário podia ser coberto. Lennon não viveu para ver o reencontro de Yoko com a filha: a luta por Kyoko Cox continuou por muito tempo depois de sua morte. A despeito das decisões da justiça texana, Tony Cox conseguiu mantê-la afastada da mãe. Os meses viraram anos e a menina tornou-se adulta. Mas os laços familiares são fortes: em 1997, Kyoko Cox procurou Yoko para que ela conhecesse sua neta, Emi, e não pela última vez.

John e Yoko viveram como autênticos nova-iorquinos até a morte dele e encontraram, malgrado as inúmeras dificuldades, paz interior e harmonia com o passado. Lennon sabia que essas coisas levam tempo.

"As pessoas diziam que os Beatles eram o Movimento, mas nós éramos apenas parte do Movimento", falou Lennon. Compartilhando o ponto de vista de muitas almas afins de quem, ao longo da História, se esperou "liderança", Lennon, reiterando o que dissera a Rennie Davis sobre encontrar paz dentro de si mesmo, afirmou que buscar respostas em outro lugar não funciona: "Líderes e figuras parentais são o equívoco de todas as gerações que nos antecederam. Todos confiamos em Nixon, em Jesus ou seja lá quem for; esperar que outro faça por você é fugir à própria responsabilidade. Eu não serei um líder. Todos são líderes. As pessoas achavam que os Beatles eram líderes; não eram, e agora elas estão descobrindo isso."

Na verdade, os Beatles eram líderes, mas não da maneira como as pessoas pensavam. Raros são os dias em que não se faça uma referência aos Beatles ou a John Lennon, seja uma canção, uma ideia ou uma mensagem com a sua efígie.

O espírito de John Lennon sobrevive por décadas, inspirando ideais de paz, ativismo, integridade e do que há de melhor na cultura hippie: sua bondade e nobreza. Na cerimônia de encerramento das Olimpíadas de 2012, em Londres, o público ficou deslumbrado, muitos em lágrimas, com um vídeo de Lennon cantando "Imagine". A vida e a música de Lennon, e também a sua morte absurda, ainda inspiram multidões. Em 20 de março de 2013, data de seu aniversário de casamento, Yoko Ono tuitou uma foto dos óculos de Lennon sujos de sangue acompanhada de uma nota sobre as pessoas mortas por violência armada nos Estados Unidos desde aquele terrível dia de dezembro. O presidente Barack Obama retuitou a postagem.

A tragédia de Lennon foi imediatamente compreendida; o legado precisou de algum tempo. Talvez necessitemos de ainda mais tempo para reconhecer a paz dentro de nós mesmos ou como uma aspiração global. Primeiro, temos de imaginar que ela é possível.

AGRADECIMENTOS

*"Obrigado em nome do grupo
e de nós mesmos."*

FORAM POUCAS AS conversas com Wayne "Tex" Gabriel antes de seu diagnóstico em março de 2010. Mas o projeto continuou como ele gostaria, com o incentivo e o apoio de Marisa LaTorre, Bob Prewitt, Gary Van Scyoc e Adam Ippolito. Agradeço também ao meu agente, Eric Myers, da Spieler. Não há melhor lugar para trabalhar do que a Seven Stories Press e eu agradeço a Sophia Ioannou por ter sido a primeira a ler o texto. Os editores Veronica Liu, Gabe Espinal e Jesse Lichtenstein ajudaram a guiar o projeto, e o publisher Dan Simon deu o melhor de si para transformar o repórter em narrador. O caderno de fotos é criação de Silvia Stramenga, Stewart Cauley e dos talentosos fotógrafos.

Nenhum homem é uma ilha: quero destacar humildemente o incentivo dos amigos – minha outra família – ao longo dessa estrada cheia de percalços: Phil Allmen, Naresh Gunaratnam ("M.D."), Bruce Goldberg, Cheryl Huckins, Lynn Helland, Lindsey Kingston (vai, Tigre) e Tamra Ward (Dear Lady).

Meu pai, Eldon, teria dado um sorriso, mesmo não querendo. Minha mãe, Ruby, compartilhou o nosso êxito; ela sempre soube que chegaríamos lá. Fico feliz que a jornada tenha incluído meu filho Alex, do Marine Corps. Isso e tudo o mais eu divido com

Linda Remilong, minha companheira de viagem de longa data, sempre comigo para o que der e vier. Celebramos a jornada em brindes familiares com suas filhas: Jenny, a linda noiva, e sua irmã Lisa, igualmente bela. E, como se não bastasse tanta sorte, minhas bolinhas de pelo favoritas estiveram sempre por perto enquanto eu digitava: Josie – linda demais para descrever com palavras – e Abbey (sim, como em "Road"). Tive meus momentos de dúvida, é claro, mas como uma certa banda cantou: "There's nothing you can do that can't be done."★

★ "Não há nada que você possa fazer que não possa ser feito", *All You Need Is Love*.

NOTA DO AUTOR: FONTES E METODOLOGIA

O ALICERCE DESTA narrativa foi construído a partir de entrevistas com os membros da Elephant's Memory, Wayne "Tex" Gabriel, Gary Van Scyoc e Adam Ippolito. Seus relatos, apoiados por matérias de jornais e revistas, formam a crônica de Lennon, o músico, ao longo de um período pouco valorizado, mas extremamente produtivo, de gravações e apresentações.

Os vínculos de Lennon com importantes ativistas daquela época foram o tema de minhas conversas com Tariq Ali, John Sinclair e Jay Craven, que me deram muito mais informação do que eu poderia obter nos volumosos relatórios do FBI que contêm seus nomes. A batalha jurídica de Lennon me foi explicada por seu advogado, Leon Wildes, que também me guiou até documentos que eu não poderia encontrar sem a sua ajuda.

As questões colocadas por Lennon – e por toda uma geração – não se limitam à oposição à guerra e a um presidente. Conversas (mais do que entrevistas) com a líder feminista Gloria Steinem e o congressista Ron Dellums me proporcionaram insubstituíveis pontos de vista históricos e atuais sobre o movimento feminista e a luta pelos direitos civis. O satirista Paul Krassner e o ex-diretor do

Peace Corps Joseph Blatchford, testemunhas de breves porém reveladores encontros com John Lennon, contribuíram imensamente para esta narrativa.

Além de entrevistas e conversas mantidas pelo autor, a pesquisa incluiu importantes relatos anteriormente publicados a cujos autores quero aqui prestar o devido respeito e gratidão, dentre os quais Dick Cavett, Mike Douglas e o escritor Jon Wiener, cuja batalha para tornar públicos os documentos do FBI sobre John Lennon é um admirável exemplo de ativismo jornalístico. Junto com as fontes citadas ao longo do livro, o autor contou com o apoio dos seguintes materiais:

O Capítulo 1 foi construído com base em conversas com Tariq Ali em janeiro de 2012, Rennie Davis em outubro de 2011 e Peter Andrews em novembro de 2011, bem como em temporadas em Detroit com John Sinclair em outubro de 2011 e com Leni Sinclair em novembro do mesmo ano. O relato dos primeiros dias de John Lennon em Nova York se apoia no artigo "John & Jerry & David & John & Leni & Yoko", de Stu Werbin, 1972, para a *Rolling Stone*; no artigo "Talk of the Town", de Henrik Hertzberger, para a *New Yorker*; e nas entrevistas de John Lennon para o *Red Mole*, por Tariq Ali e Robin Blackburn. Outras ideias vieram das filmagens do repórter francês Jean-François Vallée e das entrevistas com os autores de *Apple to the Core*, Peter McCabe e Robert Schonfeld.

As experiências de Lennon com a Elephant's Memory, no Capítulo 2, se baseiam em minhas conversas com Bob Prewitt em janeiro e junho de 2010, com Gary Van Scyoc em janeiro e maio de 2010 e junho e setembro de 2011, com Adam Ippolito em julho e setembro de 2011 e com Wayne "Tex" Gabriel em 2009 e 2010. Minhas entrevistas com Rennie Davis em outubro de 2011, e com Jay Craven

Nota do autor: fontes e metodologia

em novembro de 2011 me deram detalhes sobre o envolvimento de Lennon com os yippies. Outras informações foram obtidas assistindo à apresentação do ex-Beatle no *David Frost Show*. (As conversas com os Elefantes, Davis, Craven, Ali e os Sinclair também informaram os capítulos seguintes.)

As observações do Capítulo 3 sobre a Casa Branca de Nixon provêm das minhas entrevistas com Joseph Blatchford em agosto de 2011; os relatos do encontro Nixon-Elvis foram confirmados pelo Arquivo de Segurança Nacional da Universidade George Washington. A participação de Lennon como coanfitrião do *Mike Douglas Show* está descrita nas memórias do apresentador, *I'll Be Right Back: Memories of TV's Greatest Talk Show*, e nos próprios programas gravados. Os documentos do FBI relacionados à investigação de John Lennon foram obtidos on-line pelo link www.vault.fbi.gov. Outra fonte foi *Gimme Some Truth*, de Jon Wiener.

O processo de John Lennon, explicado inicialmente no Capítulo 4, foi-me descrito na entrevista com Leon Wildes em novembro de 2011. Os vários encontros de Lennon incluem aqueles cujo relato provém de minha conversa com A. J. Weberman em outubro de 2011. A política feminista do músico foi o tema de minha conversa de fevereiro de 2012 com Gloria Steinem. Materiais adicionais sobre o processo judicial foram obtidos no *New York Times* e em *Come Together: John Lennon in His Time*, de Jon Wiener.

Partes do Capítulo 5 tratam do uso, por Lennon, de um termo polêmico cuja definição enquadrou minha conversa de fevereiro de 2012 com Ron Dellums. Outras provêm das aparições de John no *Dick Cavett Show* e do livro de memórias de Cavett, *Talk Show*. Materiais adicionais sobre o processo judicial foram obtidos no *New*

York Times, especialmente o trabalho da colunista de temas jurídicos Grace Lichtenstein.

A viagem à Costa Oeste descrita no Capítulo 6 inclui a temporada de John Lennon com Paul Krassner, abordada em nossa conversa de novembro de 2011. Informações adicionais provêm de filmagens das entrevistas de Geraldo Rivera para o *Eyewitness News*, da WABC-TV. Os preparativos para o concerto e a investigação de Rivera sobre Willowbrook estão documentados na revista *Atlantic* e em *Lennon Revealed*, de Larry Kane. A consulta ao videotape do show e à entrevista de Lennon para a *New Musical Express* após o espetáculo me forneceram ideias adicionais.

Os relatos jornalísticos do trabalho de Lennon com os Elefantes, no Capítulo 7, provêm de revistas de música popular, como *Cash Box*, *Melody Maker*, *New Musical Express* e *Billboard*, assim como de entrevistas à *Rolling Stone* e ao *Village Voice*. Os pensamentos de Lennon sobre a luta incessante com o INS estão bem representados no artigo "Justice for a Beatle", de Joe Treen, para a *Rolling Stone*. O relato sobre a noite da eleição se baseia em testemunhos dos membros da banda, também registrados em *Come Together*, de Jon Wiener. O trabalho pós-Elefantes de Lennon está registrado no livro *Lennon in America*, de Geoffrey Giuliano, e em outras fontes, dentre as quais *John Lennon: One Day at a Time*, de Anthony Fawcett, e *McCartney*, de Christopher Sandford.

NOTAS

CAPÍTULO 1

1. Philip Norman, *John Lennon: The Life* (Nova York: HarperCollins, 2008), p. 683.
2. John Lennon, entrevista a Peter McCabe e Robert Schonfeld no hotel St. Regis, Nova York, 5 de setembro de 1971, blog *Tittenhurst Park*, http://tittenhurstlennon.blogspot.com/2009/08/john-lennon-st-regis-hotel-room.html.
3. Hendrik Hertzberg, "Talk of the Town", *New Yorker*, 8 de janeiro de 1972, p. 28.
4. Tariq Ali e Robin Blackburn, *Red Mole*, janeiro de 1971.
5. Hunter Davies, ed., *The John Lennon Letters* (Nova York: Little, Brown and Company, 2012), p. 208.
6. Ali e Blackburn, *Red Mole*.
7. Paul DeRienzo, "John Lennon, David Peel and Rock's Greatest Flattery", *Villager*, 13 de dezembro de 2012.
8. Geoffrey Giuliano, *Lennon in America: 1971-1980, Based in Part on the John Lennon Diaries* (Nova York: Cooper Square Press, 2000), p. 35.
9. Elliot Mintz, "Elliot Mintz Interviews John Lennon", *Los Angeles Free Press*, 15-21 de outubro de 1971.
10. Stu Werbin, "John & Jerry & David & John & Leni & Yoko", *Rolling Stone*, 17 de fevereiro de 1972.
11. John Lennon, entrevista a Jean-Françoise Vallée, *Pop 2*, dezembro de 1971.

12. David A. Carson, *Grit, Noise, and Revolution* (Ann Harbor: University of Michigan Press, 2005), p. 113.
13. Alan Glenn, "The Day a Beatle Came to Town", *Ann Harbor Chronicle*, 27 de dezembro de 2009.
14. Lennon, entrevista a McCabe e Schonfeld, *Tittenhurst Park*.
15. Glenn, *Ann Harbor Chronicle*.
16. Ibid.
17. *The U.S. vs. John Lennon*, dirigido por David Leaf e John Scheinfeld (Paramount, 2006).
18. Roy Reynolds, "15,000 Attend Sinclair Rally", *Ann Harbor News*, 11 de dezembro de 1971.
19. Bill Gray, "Lennon Let His Followers Down", *Detroit News*, 13 de dezembro de 1971.

CAPÍTULO 2

1. John Lennon, entrevista a Alan Smith, *New Musical Express*, republicada em *Hit Parader*, fevereiro de 1972.
2. Ben Gerson, crítica de *Imagine* na *Rolling Stone*, 28 de outubro de 1971.
3. Editorial, "Art of Hokum?", *Syracuse Post-Standard*, 27 de setembro de 1971.
4. John Lennon e Yoko Ono, "Love Letter from Two Artists", *Syracuse Post-Standard*, 7 de outubro de 1971.
5. John Lennon, entrevista a David Frost, *David Frost Show*, junho de 1969.
6. *The U.S. vs. John Lennon*.
7. Ed McCormack, "Elephant's Memory Without the Plastic", *Rolling Stone*, 31 de agosto de 1972.
8. Toby Mamis, "Take It to the Streets, *Creem*, junho de 1971.
9. McCormack, *Rolling Stone*.
10. Mike Jahn, "Elephant's Memory Mixes Radicalism and a Rough Sound", *New York Times*, 4 de julho de 1971.
11. "Talent in Action", *Billboard*, 17 de julho de 1971.
12. McCormack, *Rolling Stone*.

Notas

13. *The David Frost Show*, transmitido em janeiro de 1972.
14. Jon Wiener, *Come Together: John Lennon in His Time* (Nova York: Random House, 1990), p. 198.
15. Stu Werbin, "John & Jerry & David & John & Leni & Yoko", *Rolling Stone*, 17 de fevereiro de 1972.
16. Ibid.
17. Richard Nusser, "Beatle With an Elephant's Memory?", *Village Voice*, 20 de janeiro de 1972.

CAPÍTULO 3

1. Bob Gruen, *John Lennon: The New York Years* (Nova York: Stewart, Tabori & Chang, 2005), p. 52.
2. Nesta e em outras seções, a pesquisa se baseia amplamente em documentos liberados ao público e disponíveis dos arquivos do FBI: "John Winston Lennon", Registros do FBI: The Vault, http://vault.fbi.gov/john-winston-lennon. Informações adicionais, contextuais e de fundo podem ser encontradas em Jon Wiener, *Gimme Some Truth: The John Lennon FBI Files* (Berkeley, University of California Press, 2000).
3. Stu Werbin, "John & Jerry & David & John & Leni & Yoko", *Rolling Stone*, 17 de fevereiro de 1972.
4. As transcrições e a correspondência do encontro Nixon-Presley de 21 de dezembro de 1970 podem ser encontradas no National Security Archive, Universidade George Washington, http://www.gwu.edu/~nsarchiv/nsa/elvis/elnix/html.
5. Mike Douglas, Thomas Kelly e Michael Heaton, *I'll Be Right Back: Memories of TV's Greatest Talk Show* (Nova York: Simon & Schuster, 2000), pp. 257-262.
6. Hunter Davies, ed., *The John Lennon Letters* (Nova York: Little, Brown and Company, 2012).
7. Night Owl Reporter, "Here They Come Again", *New York Daily News*, 15 de fevereiro de 1972.
8. *Mike Douglas Show*, 14-18 de fevereiro de 1972.
9. Douglas, *I'll Be Right Back*.

CAPÍTULO 4

1. "John Winston Lennon", FBI Records: The Vault, http://vault.fbi.gov/john-winston-lennon. Informações adicionais de contexto e de fundo podem ser encontradas em Jon Wiener, *Gimme Some Truth: The John Lennon FBI Files* (Berkeley: University of California Press, 2000).
2. Philip Norman, *John Lennon: The Life* (Nova York: HarperCollins, 2008), p. 577.
3. Joe Treen, "Justice for a Beatle: The Illegal Plot to Prosecute and Oust John Lennon", *Rolling Stone*, 5 de dezembro de 1974.
4. Peter McCabe, "Some Sour Notes from the Bangladesh Concert", *New York Times*, 28 de fevereiro de 1972.
5. Jon Wiener, *Come Together: John Lennon in His Time* (Nova York: Random House, 1990), p. 182.
6. "John Winston Lennon", FBI Records: The Vault; Wiener, *Gimme Some Truth*.
7. Albin Krebs, "Notes on People", *New York Times*, 4 de março de 1972.
8. "John Winston Lennon", FBI Records: The Vault; Wiener, *Gimme Some Truth*.
9. David Bird, "Lindsay Deplores Action to Deport Lennons as a 'Grave Injustice'", *New York Times*, 29 de abril de 1972.
10. "John Winston Lennon", FBI Records: The Vault; Wiener, *Gimme Some Truth*.
11. Lennon, entrevista a McCabe e Schonfeld, *Tittenhurst Park*.
12. *The U.S. vs. John Lennon*, dirigido por David Leaf e John Scheinfeld (Paramount, 2006).
13. Douglas Brinkley, *Tour of Duty: John Kerry and the Vietnam War* (Nova York: William Morrow, 2004), pp. 399-400.
14. Treen, "Justice for a Beatle", *Rolling Stone*.
15. Albin Krebs, "Notes on People: Lennon's Deportation Hearing Delayed", *New York Times*, 2 de maio de 1972.
16. Editorial, "Love It and Leave It", *New York Times*, 2 de maio de 1972.

Notas

CAPÍTULO 5

1. Excertos da edição de *The Dick Cavett Show* de 11 e 24 de setembro de 1971 e 11 de maio de 1972, copyright © Daphne Productions, Inc., usados com permissão do sr. Cavett e Daphne Productions.
2. "John Winston Lennon", FBI Records: The Vault, http://vault.fbi.gov/john-winston-lennon. Outras informações contextuais e de fundo podem ser encontradas em Wiener, *Gimme Some Truth: The John Lennon FBI Files* (Berkeley, University of California Press, 2000).
3. Ben Fong-Torres, "Lennon's Song: The Man Can't F**k Our Music", *Rolling Stone*, 18 de fevereiro de 1971.
4. *The Dick Cavett Show*, maio de 1972.
5. Jon Wiener, *Come Together: John Lennon in His Time* (Nova York: Random House, 1990), p. 214.
6. Editorial, "Love It and Leave It", *New York Times*, 2 de maio de 1972.
7. Albin Krebs, "Notes on People", *New York Times*, 13 de maio de 1972.
8. Do livro *Talk Show*, de Dick Cavett. Copyright © 2009 by Richard A. Cavett. Todos os direitos reservados. Republicado em comum acordo com Henry Holt and Company, LLC.
9. Cavett, *Talk Show*, p. xvi.
10. "Lennon Makes Plea at Close of Hearing", *New York Times*, 18 de maio de 1972.
11. Editorial, "Unhand That Beatle", *Washington Daily News*, 9 de maio de 1972.
12. "John Lennon and Yoko Ono to Have Press Conference", *Rosslyn Review*, 4 de maio de 1972.
13. Ralph J. Gleason, "Perspectives: Fair Play for John e Yoko", *Rolling Stone*, 22 de junho de 1972.
14. Grace Lichtenstein, "John and Yoko: 'If There's Mercy, I'd Like It, Please'", *New York Times*, 21 de maio de 1972.
15. "John Winston Lennon", FBI Records: The Vault, Wiener, *Gimme Some Truth*.

16. Stephen Holden, "'Que Pasa, New York?', Indeed", *Rolling Stone*, 20 de julho de 1972.
17. Robert Christgau, "John Lennon's Realpolitik", *Newsday*, 9 de julho de 1972.

CAPÍTULO 6

1. Steven D. Price, *1001 Greatest Things Ever Said about California* (Guilford, CT: Lyons Press/Globe Pequot, 2007), p. 151.
2. Paul Krassner, *Confessions of a Raving, Unconfined Nut: Misadventures in the Counter-Culture* (Nova York: Touchstone, 1994), p. 181.
3. John Lennon e Yoko Ono, entrevista a Geraldo Rivera, WABC-TV *Eyewitness News*, filmagem publicada sem edição, gravada em 5 de agosto de 1972.
4. Sridhar Pappu, "Being Geraldo", *Atlantic*, junho de 2005.
5. Larry Kane, *Lennon Revealed* (Filadélfia: Running Press, 2005), p. 242.
6. "John Winston Lennon", FBI Records: The Vault, http://vault.fbi.gov/john-winston-lennon. Outras informações contextuais e de fundo podem ser encontradas em Jon Wiener, *Gimme Some Truth: The John Lennon FBI Files* (Berkeley, University of California Press, 2000).
7. Bob Gruen, *John Lennon: The New York Years* (Nova York: Stewart, Tabori & Chang, 2005), p. 40.
8. *John Lennon: Live in NYC* (Sony Video, 1986).
9. Toby Mamis, "One-to-One", *Soul Sounds*, dezembro de 1972.
10. David Fricke, crítica de *Live in New York City*, por John Lennon, *Rolling Stone*, 10 de abril de 1986.

CAPÍTULO 7

1. Pete Hamill, "John Lennon: Long Night's Journey into Day", *Rolling Stone*, 5 de junho de 1975.
2. Roy Carr, "Instant Karma!" *New Musical Express*, 7 de outubro de 1972.
3. "Random Notes", *Rolling Stone*, 26 de outubro de 1972.
4. Toby Mamis, crítica de *Elephant's Memory*, *Melody Maker*, 2 de dezembro de 1972.
5. Richard Nusser, "Riffs", *Village Voice*, 5 de outubro de 1972.
6. "Pop Best Bets", *Cash Box*, 30 de setembro de 1972.

Notas

7. Nick Tosches, crítica de *Elephant's Memory*, *Rolling Stone*, 5 de novembro de 1972.
8. Hamill, *Rolling Stone*.
9. Wiener, *Come Together*, p. 253.
10. Calliope Kurtz, "The Feminist Songs of Yoko Ono", *Perfect Sound Forever*, maio de 2007.
11. Bill Dowlding, em "not just another pretty band", *Milwaukee Bugle-American*, 8-15 de novembro de 1972.
12. Lenny Kaye, "Sound Scene", *Cavalier*, dezembro de 1972.
13. Nick Tosches, crítica de *Approximately Infinite Universe*, de Yoko Ono, *Rolling Stone*, 15 de março de 1973.
14. "John Winston Lennon", FBI Records: The Vault; Wiener, *Gimme Some Truth*.
15. Davies, ed., *The John Lennon Letters*, p. 251.
16. Giuliano, *Lennon in America*, p. 54.
17. Jon Landau, crítica de *Mind Games*, de John Lennon, *Rolling Stone*, 3 de janeiro de 1974.
18. Hamill, *Rolling Stone*.
19. Francis Schoenberger, "He Said, She Said", *Spin*, outubro de 1988.
20. Tim Riley, *Lennon: The Man, the Myth, the Music – the Definitive Life* (Nova York: Hyperion, 2011).
21. Christopher Sandford, *McCartney* (Cambridge, MA: Da Capo Press, 2007), p. 228.
22. John Lennon, entrevista a Bob Harris, *The Old Grey Whistle Test*, Rádio BBC 2, abril de 1975.
23. Giuliano, *Lennon in America*, p. 60.
24. Anthony Fawcett, *John Lennon: One Day at a Time, A Personal Biography of the Seventies* (Nova York: Grove Press, 1976), p. 145.
25. Hamill, *Rolling Stone*.
26. Wiener, *Gimme Some Truth*, p. 283.

BIBLIOGRAFIA SELECIONADA E OUTRAS LEITURAS

Brinkley, Douglas. *Tour of Duty: John Kerry and the Vietnam War*. Nova York: William Morrow, 2004.

Carson, David A. *Grit, Noise, and Revolution*. Ann Harbor: University of Michigan Press, 2005.

Cavett, Dick. *Talk Show: Confrontations, Pointed Commentary, and Off-Screen Secrets*. Nova York: Times Book/Henry Holt, 2010.

Coleman, Ray. *Lennon: The Definitive Biography*. Nova York: Harper Perennial, 1992.

Davies, Hunter, ed. *The John Lennon Letters*. Nova York: Little, Brown and Company, 2012.

Douglas, Mike, com Thomas Kelly e Michael Heaton. *I'll Be Right Back: Memories of TV's Greatest Talk Show*. Nova York: Simon & Schuster, 2000.

Fawcett, Anthony. *John Lennon: One Day at a Time, A Personal Biography of the Seventies*. Nova York: Grove Press, 1976.

Giuliano, Geoffrey. *Lennon in America: 1971-1980, Based in Part on the Lost Lennon Diaries*. Nova York: Cooper Square Press, 2000.

Gruen, Bob. *John Lennon: The New York Years*. Nova York: Stewart, Tabori & Chang, 2005.

Kane, Larry. *Lennon Revealed*. Filadélfia: Running Press, 2005.

Krassner, Paul. *Confessions of a Raving, Unconfined Nut: Misadventures in the Counter-Culture*. Nova York: Touchstone, 1994.

Lennon, John. *Skywriting by Word of Mouth*. Nova York: HarperCollins, 1986.

McCabe, Peter e Robert D. Schonfeld. *Apple to the Core: The Unmaking of the Beatles*. Nova York: Pocket Books, 1972.

Norman, Philip, *John Lennon: The Life*. Nova York: HarperCollins, 2008.

Ono, Yoko, ed. *Memories of John Lennon*. Nova York: HarperCollins, 2005.

Riley, Tim. *Lennon: The Man, the Myth, the Music – The Definitive Life*. Nova York: Hyperion, 2011.

Sandford, Christopher. *McCartney*. Cambridge, MA: Da Capo Press, 2007.

Wiener, Jon. *Come Together: John Lennon in His Time*. Nova York: Random House, 1990.

___. *Gimme Some Truth: The John Lennon FBI Files*. Berkeley: University of California Press, 2000.